Schwäbische Alb Ost

Herbert Mayr

Schwäbische Alb Ost

50 ausgewählte Tal- und Höhenwanderungen
in der Uracher Alb und der Blaubeurer Alb, den Kaiserbergen,
um Geislingen und um Heidenheim

Mit 69 Farbfotos, 50 Wanderkärtchen im Maßstab 1: 100 000 sowie
einem Übersichtskärtchen im Maßstab 1: 500 000

BERGVERLAG RUDOLF ROTHER GMBH · MÜNCHEN

Umschlagbild:
An der Dorfhülbe von Seißen in der Blaubeurer Alb.

Bild gegenüber dem Titel (Seite 2):
In Blaubeuren kommt sich der Besucher noch vor wie in einer längst
vergangenen Zeit.

Alle Fotos von Herbert Mayr.

Kartographie:
Wanderkärtchen im Maßstab 1: 100 000
Darstellung auf der Grundlage der Topographischen Karte 1: 100 000,
Ausschnitte aus den Blättern C7126, C7522 und C7922, mit Erlaubnis
des Landesvermessungsamtes Baden-Württemberg vom 21.7.1995,
Az.: 5.13/1229;
Ausschnitte aus dem Blatt C7526, Vervielfältigung mit Genehmigung
des Bayerischen Landesvermessungsamtes München, Nr. 4207/95.
Übersichtskarten im Maßstab 1: 500 000 und 1: 1 000 000
Kartengrundlage: Übersichtskarte 1: 500 000 und Bundesrepublik
Deutschland 1: 1 000 000. Mit Genehmigung des Instituts für
Angewandte Geodäsie, Frankfurt am Main, Nr. 27/95 vom 17.07.1995.

Die Ausarbeitung aller in diesem Führer beschriebenen Wanderungen
erfolgte nach bestem Wissen und Gewissen des Autors.
Die Benützung dieses Führers geschieht auf eigenes Risiko.
Soweit gesetzlich zulässig, wird eine Haftung für etwaige Unfälle
und Schäden jeder Art aus keinem Rechtsgrund übernommen.

1. Auflage 1995
© Bergverlag Rudolf Rother GmbH, München

ISBN 3-7633-4117-X

Gesamtherstellung Rother Druck GmbH, München (2429/51073)

Vorwort

Zwischen der Linie Metzingen – Münsingen – Ehingen im Westen und dem Ries mit der Wörnitz im Osten sowie der Linie Schwäbisch Gmünd – Aalen im Norden und dem Donautal im Süden erstreckt sich ein weites, spannendes Wanderdorado: die Ostalb. In dieser eigenwilligen und an kulturellen Schätzen reichen Karstlandschaft gibt es viel zu entdecken.

Mit ein bißchen Glück trifft man in einer der albtypischen Wacholderheiden mit ihrem herben Charme noch auf den Wanderschäfer. Verschwiegene Trockentäler und verträumte Streuobstwiesen faszinieren ebenso wie der abwechslungsreiche Gang entlang der Traufkante mit ihren kecken Aussichtsfelsen. Unzählige Höhlen entführen den neugierigen Besucher in die märchenhafte Unterwelt der Ostalb. Geheimnisvolle Quelltöpfe und verspielte Tuffsteinkaskaden, schäumende Wildbäche und erholsame Mischwälder lassen uns den Alltag vergessen. Geschichtsinteressierte finden immer wieder Burgen und Schlösser, Schanzen und uralte Gräber.

Alle vorgestellten Touren sind bei Beachtung allgemein gültiger Regeln ungefährlich – sie können auch von weniger geübten Wanderern und mit Kindern durchgeführt werden. Aufgrund der exakten Beschreibungen sind sie stets leicht nachvollziehbar. Der Schwäbische Albverein hat in Zusammenarbeit mit der Württembergischen Forstverwaltung eine Vielzahl von vorbildlich markierten Wegen geschaffen. Ob leichte Talspaziergänge oder ausgedehnte Rundwanderungen, ob gepflegte Forstwege oder reizvolle Wurzelpfade, jeder wird für seinen Geschmack das Entsprechende finden.

Dieses Büchlein möchte Ihnen bei Ihrer Routenwahl ein kleiner Wegweiser sein. Wer mit offenen Augen wandert, wird den sorgsamen Umgang mit der Natur pflegen, um sie auch für die nachfolgenden Generationen zu erhalten.

Unterthingau, im Sommer 1995   Herbert Mayr

Inhaltsverzeichnis

Touristische Hinweise

Gehzeiten

Die angegebenen Gehzeiten können nur als grobe Richtwerte für durchschnittlich trainierte Wanderer gelten (etwa 4-5 km in der Stunde auf ebenen Wegen oder Abstiegen, etwa 3 km in der Stunde bei Anstiegen).

Anforderungen

Die vorgeschlagenen Touren sind meist beschildert und markiert. In der Routenbeschreibung mit »wegloser Abschnitt«, »Grasspur« oder »Wiesenspur« bezeichnete Passagen gelten generell als Bestandteil offizieller Wanderwege. Besonders an solchen Unsicherheitsstellen sollte man auf die Markierungen achten. Vereinzelte, vorwiegend im Spätsommer und Herbst möglicherweise etwas verwachsene Teilstücke verlangen manchmal ein bißchen Zuversicht. Haben Sie Geduld – es geht immer wieder weiter! Bei Unternehmungen, die in Ermangelung einer Markierung oder aufgrund wegloser Abschnitte Orientierungssinn erfordern, wird eigens darauf hingewiesen.

Auf Angaben über die Erfordernis von Trittsicherheit und Schwindelfreiheit wurde grundsätzlich verzichtet. Jeder Wanderer weiß, daß ein Fehltritt auf einem Aussichtsfelsen böse Folgen haben kann. Wer nicht ganz schwindelfrei ist, wird nicht ausgerechnet an einer senkrecht abbrechenden Felskante vespern. Selbstverständlich setzen Pfade im steilen oder zusätzlich gar noch feuchten Gelände ein gewisses Maß an Trittsicherheit voraus. Die Landschaft verschandelnde Schutzgeländer findet man Gott sei Dank nur selten. Eigenverantwortliches Handeln und die Erziehung der Kinder dazu ist deshalb oberstes Gebot.

Die Höhenunterschiede sind durchwegs problemlos zu bewältigen. Einzelanstiege mit mehr als 250, höchstens aber 400 Höhenmetern sind die Ausnahme.

Gefahren

Wer vor der Tour den Wetterbericht verfolgt, wird in den seltensten Fällen feuchte Überraschungen erleben. Bei Nebel oder nach Regengüssen verwandeln sich besonders steinige oder felsdurchsetzte Wege in heimtückische Rutschbahnen. Bei Gewittern gilt: Aussichtstürme und Felsvorsprünge (auch deren Unterstandshütten) sofort verlassen, weg von Drahtseilen oder Eisengeländern, keine einzelstehenden Bäume aufsuchen.

Unter Aussichtsfelsen sollte man an die Steinschlaggefahr beispielsweise durch oberhalb spielende Kinder denken. Beim Besuch unbeleuchteter Höhlen ist eine zweckmäßige Ausrüstung das oberste Gebot. Eine Stirnlampe (Ersatzakkus nicht vergessen) ist einer gewöhnlichen Taschenlampe vorzu-

Unterwegs zur Käthere Kuche in den Lutherischen Bergen.

ziehen. Nur wer beide Hände frei hat, kann sich sicher vorwärtsbewegen. Manche Höhlen fallen unmittelbar nach einem nicht selten glitschigen Eingangsboden in die Tiefe. Ein gewissenhaftes vorangehendes Ausleuchten bewahrt vor Unfällen. In unübersichtlichen Höhlen, deren Gänge sich mehrmals verzweigen, kann das Abrollen einer Schnur hilfreich für die Orientierung sein.

Ein Klettern an brüchigen Ruinenmauern verbietet allein schon der Denkmalschutz. Beim Besuch von Ruinen sollte man auf eine mögliche Einsturzgefahr achten.

Ausrüstung

Selbst bei reinen Talwanderungen sind Trekking- oder Leichtbergschuhe mit griffiger Sohle vorteilhaft. Turnschuhe ermüden mit ihrer dünnen Sohle nicht nur vorzeitig den Fuß, sie bieten auch unzureichenden Halt und schützen zudem nicht vor Nässe auf grasigen Passagen. Darüber hinaus bewahrt ein festes Schuhwerk vor der Verletzungsgefahr im Knöchelbereich durch spitze Äste und scharfe Steine.

Außer einem Regenschutz und einem Erste-Hilfe-Set empfiehlt sich die Mitnahme von Teleskopstöcken (vorzugsweise mit auswechselbaren Spitzen) – sie bieten bei Nässe und längeren An- und Abstiegen eine zusätzliche Sicherheit und können leicht im Rucksack verstaut werden. Wer sich erst mal an die zwei zusätzlichen Standbeine gewöhnt hat, für den werden sie zum ständigen Begleiter.

Auch den Flüssigkeitsnachschub sollte man nicht vergessen. Auf der Alb ist Trinkwasser so rar wie in südeuropäischen Ländern. Hat man das Glück, auf einen Brunnen zu stoßen, muß man von einem hohen Nitratgehalt ausgehen. Wem die unzähligen umweltbelastenden Getränkedosen am Wegesrand und in prallgefüllten Abfallkörben ein Dorn im Auge sind, der wählt bewußt eine Getränkeflasche. Man kann sie an jeder Wirtschaft nachfüllen und sie hinterläßt keinerlei Abfall. Apropos Abfall – eine kleine Plastiktüte im Rucksack, und der gesamte Unrat landet dort, wo er hingehört: im Hausmüll! Wieviel schöner wäre ein Waldspaziergang, wenn die Natur nicht unter den vielen stinkenden Abfallbergen und den Hunderten, an Bäume genagelten Hinweisschildern stöhnen müßte?

Landkarten

Die abgebildeten Kartenausschnitte mit den eingetragenen Routen wurden der amtlichen Topographischen Karte des Landesvermessungsamtes Baden-Württemberg beziehungsweise der entsprechenden Karte des Bayerischen Landesvermessungsamtes im Maßstab 1: 100 000 entnommen. Sie sind in der Regel ein zuverlässiges Hilfsmittel. Um bei eventuellen Abweichungen von der vorgeschlagenen Route nicht auf verlorenem Posten zu stehen oder lohnende Abstecher zu ermöglichen, sind die Ausschnitte großzügig genug gewählt.

Die Ruine Hohenschelklingen.

Schulausflug im Talschluß der Lenninger Lauter.

Wer auf eigene Entdeckung gehen möchte, der wählt vorzugsweise die Wanderkarten der Landesvermessungsämter im Maßstab 1: 50 000. Dieses Werk mit großzügigem und im Vergleich zur regulären Topographischen Karte kostengünstigerem Blattschnitt ist an Genauigkeit und Zuverlässigkeit sowie an Informationsgehalt von keiner anderen Karte zu schlagen. Die Blätter 15 bis 20 decken fast die gesamte Schwäbische Alb ab. Das Werk beinhaltet einen Eintrag der Wanderwege des Schwäbischen Albvereins mit den entsprechenden Markierungen. Ein kostenloses Verzeichnis mit allen amtlichen Karten Baden-Württembergs erhält man beim:

■ Landesvermessungsamt Baden-Württemberg, Büchsenstraße 54, 70174 Stuttgart. Telefon des Kartenvertriebs:✆ (0711) 123-2831

Klima und Wanderzeit
Die meisten Niederschläge bekommt der bei Föhn begünstigte Albtrauf ab. Das Donautal verzeichnet eher trockenes, kontinentales Klima – im Herbst und Winter hält sich dort hartnäckig der Nebel.

Am besten für Wanderungen eignen sich die Monate Mai bis September. Bedingt durch die geringe Höhenlage und die schneearmen Winter kann man jedoch fast das ganze Jahr über auf der Alb wandern (Achtung: häufig vereiste Wege!) – nur in ost- und nordgerichteten Tälern liegt der Schnee manchmal bis Ende März. Ein besonderes Wandervergnügen bescheren Inversionswetterlagen: eine dicke Nebeldecke im Tal und Sonne pur auf den Albhöhen!

Bereits im März zieren herrliche Blütenmeere die Buchenmischwälder, die gegen Ende April grünen. Ab Oktober hält sich die Feuchtigkeit auf schattigen Wegen und verlangt vom Wanderer erhöhte Aufmerksamkeit.

Mit Kindern unterwegs

Ob sich Touren für Kinder eignen oder nicht, hängt nicht von der Länge der Anstiege oder der Ausgesetztheit der Wege ab, sondern vielmehr vom Abwechslungsreichtum einer Wanderung. Je größer der Anteil breiter Forst- und Wirtschaftswege, desto langweiliger empfinden Kinder die »Hatscherei«. Routen auf abenteuerlichen Waldpfaden zu Höhlen und Wildbächen, zu Wasserfällen, Aussichtsfelsen und Ruinen finden immer große Akzeptanz. Erfreulicherweise finden die Kleinen in der Schwäbischen Alb oftmals auch Spielplätze, die für eine willkommene Unterbrechung sorgen.

Fledermausschutz

In sogenannten Fledermaushöhlen verbringen die meisten der heimischen, allesamt vom Aussterben bedrohten Fledermausarten ihren Winterschlaf. Wenn die Tiere in ihrer Winterruhe durch Taschenlampen oder Fackeln von Besuchern gestört werden, verlieren sie wichtige Reserven an Körperenergie und können eventuell den Winter nicht überstehen. Der Besuch von Höhlen sollte deshalb am besten erst gegen Ende April angesetzt werden. Viele Höhlen sind vorher ohnehin geschlossen.

Information

- Landesfremdenverkehrsverband Baden-Württemberg, Postfach 102951, 70025 Stuttgart, ☎ (0 711) 23 858-0
- Schwäbischer Albverein e. V., Hauptgeschäftsstelle, Hospitalstraße 21 B, 70174 Stuttgart, ☎ (0 711) 29 09 96
- Werbegemeinschaft Campingplatzhalter Baden-Württemberg, Klostervilla, Kloster 5, 73099 Adelberg
- Urlaub auf dem Bauernhof in Baden-Württemberg, Postfach 5443, 79021 Freiburg i. Br.

Dem Fernwanderer erleichtern Wanderheime des Schwäbischen Albvereins und Naturfreundehäuser die Etappenplanung. Allein 8 Hauptwanderwege durchqueren oder berühren die Schwäbische Alb. Ein Wanderheimverzeichnis ist erhältlich bei: »Die Naturfreunde«, Neue Straße 150, 70186 Stuttgart.

Vielgestaltige Ostalb

Die Ostalb gliedert sich in die donauseitige Flächenalb und die hochgelegene Kuppenalb. Die nach Osten hin auslaufende Klifflinie des Tertiärmeeres trennt beide Höhenstufen voneinander. Im Norden bricht der Schwäbische Jura, wie die Alb von den Geologen wegen ihres Gesteins aus der Jurazeit bezeichnet wird, mit dem von Tälern zerschnittenen, unbesiedelten und in dichte Mischwälder gekleideten Albtrauf zum flachen Vorland hin ab – ein Paradies für Wanderer: Weithin leuchtende Felsstotzen, Burgen und Höhlen bereichern hier das Landschaftsbild. Vor dem Steilabfall erzählen aussichtsreiche Zeugenberge von einer Zeit, als die Alb noch wesentlich weiter nach Norden reichte. Rückschreitende Erosion hat ständig an der Gebirgsstirn genagt.

Im Gegensatz zu anderen deutschen Mittelgebirgen ähnelt die Schwäbische Alb aus der Vogelperspektive einem gekippten Hochland. Die Albtafel selbst ist von einem Mosaik aus steinigen Äckern, Wiesen und Wäldern mit eingestreuten Dörfern gekennzeichnet, eine uralte Kulturlandschaft. Die Städte und die meisten großen Gemeinden mit industriellem Leben versammeln sich im verkehrsbegünstigten Tiefland nördlich des Albrandes, im Donautal und in den Haupttälern. Als solche sind in der Ostalb zu nennen: das Ermstal, das Tal der Lenninger Lauter, das Filstal, das Kocher- und Brenztal sowie die beiden einst von der Ur-Donau durchflossenen Täler der Schmiech und der Blau. Die größten Höhenunterschiede erwarten den Wanderer aus dem unteren Ermstal, dem Kirchheimer Raum und dem Remstal bei Schwäbisch Gmünd.

Die Ostalb weist außer der bereits erwähnten Klifflinie noch ein paar andere Besonderheiten auf, die der Westalb fehlen. Gewaltige Meteoriteneinschläge schufen den mächtigen Rieskrater an der Nordostecke der Alb und das Steinheimer Becken im Albuch. Als Einzelfälle auf der gesamten Alb gelten das Schopflocher Moor, entstanden auf dem wasserundurchlässigen Basalttuff eines ehemaligen Vulkangebietes, und die Moorgebiete Rauhe Wiese sowie die auf Feuersteinlehm ruhenden Weiherwiesen auf der Heidenheimer Alb. Im Vergleich zum westlichen Teil kommen in der Ostalb auch wesentlich mehr Zeugen- oder Ausliegerberge vor. Eine besondere Art sind die Härtlinge, ehemalige Vulkanberge. Ein vollständig verändertes Bild zeigt die Donau auf ihrem Lauf ab Sigmaringen. Während der junge Fluß mit seinen Versickerungsstellen ein gewaltiges Tal durch die Tafel der Westalb geschnitten hat, weist er als Südbegrenzung der Ostalb außer ein paar Altwasserarmen, Auwaldstreifen und natürlich einigen sehenswerten Orten nichts nennenswertes mehr für den Wanderer auf.

Stimmungsvoller Sonnenuntergang im Blauriedtal.

Wacholderhang in den Lutherischen Bergen.

Die Pflanzenwelt der Schwäbischen Alb ist recht vielfältig und birgt so manche Raritäten. Vielerorts begleiten den Wanderer noch die Hecken aus der guten alten Zeit: Hagebutten, Schlehen und Weißdorngebüsch, Haselnußstauden und Heckenrosen. Die Traufwälder sind alles andere als Monokulturen: Zu Buchen und Eichen gesellen sich Ahorn, Ulmen, Kiefern, Fichten und Lärchen.

Ganz spezielle Lebensgemeinschaften findet man in den Schluchtwäldern vor. Außerhalb der Waldungen haben sich teilweise noch Flecken mit Steppenheide-Charakter erhalten. Auf den Streuobstwiesen erfreut eine bunte Blütenvielfalt die Welt der Schmetterlinge. Die romantisch verklärte, einst so charakteristische Wacholderheide gibt leider nicht nur Anlaß zum Schwärmen. Seit dem starken Rückgang der Schafzucht ist sie deutlich vom Aussterben bedroht. Nur dank einer sorgsamen Pflege von Menschenhand kann vermieden werden, daß hier der Wald die Oberhand gewinnt.

Die Tierwelt ist nicht sehr artenreich. Abgesehen von Reh, Fuchs, Hase und Eichhörnchen sowie einer fröhlich zwitschernden Vogelwelt, gelegentlich einem Graureiher, dürfte der Waldbesucher nicht viele Bekanntschaften machen. Die seltenen Wanderfalken und Uhus lassen sich kaum blicken.

Die insgesamt über 2000 bekannten Höhlen der Schwäbischen Alb – einige davon sind mit Tropfsteinbildungen und Sinterschmuck als Schauhöhlen angelegt – machen das Mittelgebirge zu einer der höhlenreichsten Regionen Deutschlands. Die meisten Höhlen sind Karsterscheinungen, nur wenige entstanden bereits während der Gesteinsbildung. Die geheimnisvollen Gewölbe gelten zudem als die ersten Wohnstätten der Albbewohner.

Mancherorts findet der aufmerksame Naturfreund noch Hülben, die einst zusammen mit den Zisternen die Menschen und das Vieh auf der Karsthochfläche mit Trinkwasser versorgten. Viele dieser Wasserlöcher entstanden auf den tuffgefüllten, ehemaligen Durchschlagsröhren von Vulkangebieten. Den mit 1200 m beachtlichsten Durchmesser der in der Regel kleinen Gas-Förderröhren, Vulkanembryonen genannt, findet man im längst wieder ausgelaufenen Randecker Maar.

Die im Zeitalter des Pleistozäns mit dem Fallen des Karstwasserspiegels entstandenen Trockentäler führen nur gelegentlich nach starken Niederschlägen oder bei gefrorenem Boden Wasser. Gewöhnlich versickert das Wasser in Schlucklöchern, auch Lösungsdolinen genannt. Die in der Alb vielerorts vorkommenden Dolinen sind meist kreisrunde Geländevertiefungen und werden auch Erdfälle oder Erdtrichter genannt. Sie entstehen beim Einstürzen unterirdischer Hohlräume in Karstgebieten.

Typische Alb-Landschaft – auf dem Härtsfeld bei Dischingen.

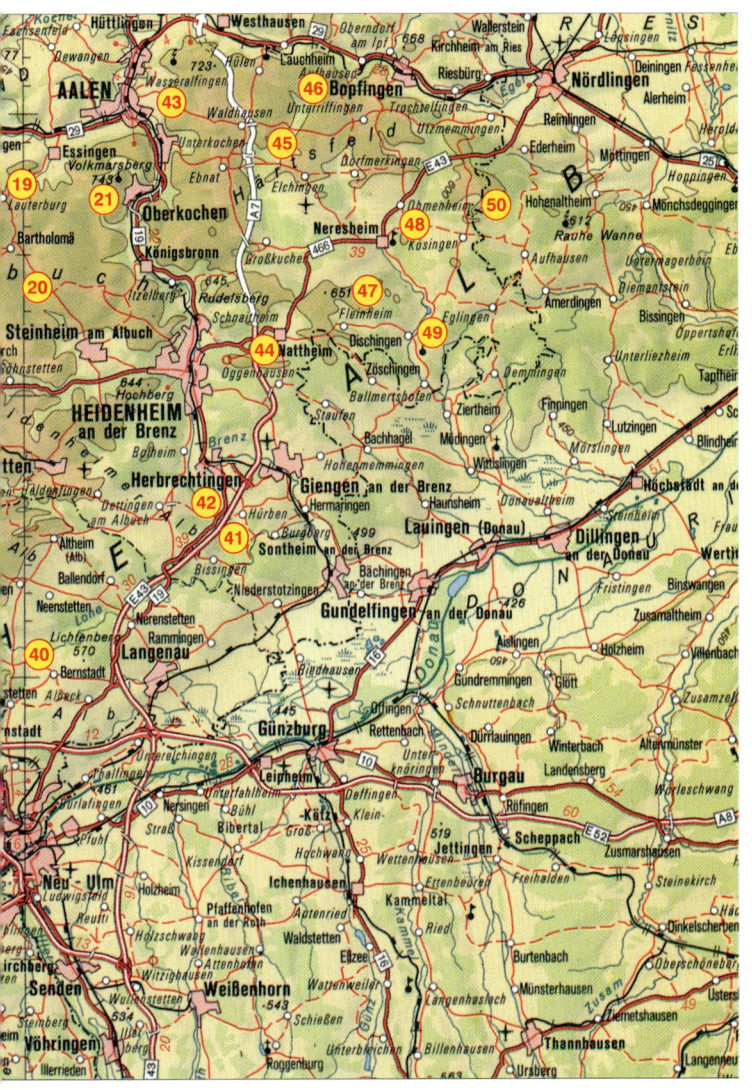

Uracher Alb

In Bissingen an der Teck.

Die Vordere Alb zwischen dem Ermstal und dem Lenninger Tal und die Hintere Alb zwischen dem Ermstal und St. Johann gestalten zusammen das abwechslungsreichste Wandergebiet des östlichen Schwäbischen Juras: die Uracher Alb. Im Südosten wird das Gebiet durch den riesigen, unter französischer Oberhoheit stehenden Truppenübungsplatz Münsingen abgeriegelt, auch Hardt genannt. Vergleichbar den Fangarmen eines Tintenfisches, greift das Flußsystem der Erms rings um das freundliche Fachwerkstädtchen Urach in die Albtafel hinein. Das schönste unter den Tälern um Urach ist vielleicht das romantische Seeburger Tal. Obwohl die Industrie weder im Ermstal noch im Tal der Lenninger Lauter zu übersehen ist, begeistern beide Täler gleichsam mit einer Fülle von reizvollen Wandermöglichkeiten.

Die bis zu 400 m aufsteigenden Traufhöhen erwarten den Besucher mit grandiosen Tiefblicken und interessanten Ruinen. Die informativsten Ausblicke gewinnt man vom Hohenurach, vom Hohenneuffen, vom Aussichtsturm Römerstein sowie im Randbereich von der Teck und vom Breitenstein. Die Uracher Alb wartet auch mit ein paar Besonderheiten auf. Um Bad Urach liegt beispielsweise das Zentrum des ehemaligen Urach-Kirchheimer Vulkangebietes mit zahlreichen Tuffschloten, von denen der größte das bekannte Randecker Maar ist. Das auf der gesamten Alb einzige Moor mit Urwaldcharakter findet man in der Torfgrube bei Schopfloch.

Und wo gibt es die begehrtesten Wasserfälle der Schwäbischen Alb? Natürlich ebenfalls bei Urach. Der 30 m hohe Uracher Wasserfall und die Gütersteiner Fälle liegen in unmittelbarer Nachbarschaft. Bei Gutenberg und Donnstetten warten herrliche Tropfstein-Schauhöhlen auf den Wanderer.

Man fand darin nicht nur Knochen von Wildpferd, Höhlenlöwe, Höhlenbär und Nashorn, sondern auch von Gibraltaraffe und Alpenwolf. Die bisher auf einer Länge von 5000 Metern erforschte Falkensteiner Höhle im hintersten Pfäler Tal ist die längste Höhle der Schwäbischen Alb. Die Gegend um Urach ist überhaupt eines der höhlenreichsten Gebiete der gesamten Alb. Zum Schluß noch eine Besonderheit, die uns nach gelungener Tour erfreut: Der Neuffener Silvaner, der in den sonnigen Weinbergen direkt unter der stolzen Burgruine gedeiht.

Holzschwellenweg durchs Naturschutzgebiet des Schopflocher Moors.

1 Dettingen – Höllenlöcher – Gelber Fels, 733 m – Gütersteiner Wasserfälle – Bad Urach

Erlebniswandern über dem Ermstal

Talort: Dettingen a. d. Erms, am Nordrand der Alb, zwischen Metzingen und Bad Urach. Sehenswert: Botanischer Garten. Information: Gemeindeverwaltung, 72581 Dettingen/Erms, ℂ (07123) 7207-0.
Ausgangspunkt: Ortsmitte, 398 m.
Gehzeiten: Dettingen – Gelber Fels 1½ Std., Gelber Fels – Gütersteiner Wasserfall ¾ Std., Gütersteiner Wasserfall – Bad Urach ¾ Std., Rückweg 1¼ Std.; Gesamtgehzeit 4¼ Std. (15 km).
Höhenunterschied: 420 m.
Anforderungen: Gut markierte Wanderpfade, Forstwege und Wirtschaftssträßchen, teils steiler Aufstieg.
Einkehr: In Bad Urach.

Der Trauf zwischen Dettingen und Bad Urach, westlich der Erms, erfreut den Wanderer mit einem mannigfaltigen Landschaftscharakter und einer Fülle von Sehenswürdigkeiten – zuviel für nur einen Tourentag!
Wir verlassen die Straße Richtung Urach auf dem Keckbronnenweg, am hohen Fabrikkamin vorbei über die Bahngleise. Auf der Privatstraße gelangt man unter der Ortsumgehungsstraße hindurch und nimmt den asphaltierten Wirtschaftsweg auf den Bergsporn des Calverbühls zu. Ein mit *blauem Dreieck* markierter Wanderpfad leitet über seine Höhe (509 m) und mündet oberhalb in einen Forstweg. Diesem folgen wir bis zum Kinderspielplatz, wo sich unser Kurs, anfangs in steilen Pfadkehren, zuletzt auf einem breiten Waldweg, durch den Traufwald empor zu den **Höllenlöchern** (730 m) schwingt, einer gewaltigen Felsenkluft mit kleinen Höhlen.
Die nun mit *rotem Dreiblock* bezeichnete Route leitet uns von der Unterstandshütte auf einem reizvollen Wanderweg, zweimal durch Forstwegabschnitte unterbrochen, über eine Kuppe und am Aussichtspunkt **Gelber Fels** (733 m) vorbei, stets am Trauf entlang Richtung Urach. Auf der Höhe des Fohlenhofs folgen wir dem Wanderpfad talwärts zu den **Gütersteiner Wasserfällen**. Angesichts der etwas verwirrenden Wegevielfalt ins Maisental achten wir an der ersten Gabelung auf die Markierung und wählen an der zweiten den Weg an der Brunnenstube vorbei zu den oberen Fällen. Auf der Kalktufterrasse stand früher ein Zisterzienserkloster. Im Bereich der Wasserfälle befinden sich mehrere kleine Höhlen.

Der Hohenurach über dem Maisental.

Ein Waldweg trägt uns an den unteren Fällen entlang zum Gutshof Güterstein, wo uns ein breiter, im weiteren Verlauf asphaltierter Fahrweg aufnimmt, der auf die Ruine Hohenurach zuhält. Die Bundesstraße querend, geht es nun am westlichen Stadtrand (440 m) von **Bad Urach** über die Ermsbrücke und auf dem Radweg an den Kuranlagen vorbei zurück nach **Dettingen**.

2 Bad Urach – Ruine Hohenurach, 692 m – Uracher Wasserfall – Rutschenfelsen, 750 m – Gütersteiner Wasserfälle

Glanzpunkte der Uracher Alb

Talort: Bad Urach, liebenswerter Luftkurort und Heilbad, in ausgezeichneter Lage im Ermstal. Sehenswert: Marktplatz mit Rathaus und Röhrenbrunnen, Amandusbasilika, Residenzschloß (Albvereinsmuseum, Historisches Museum), Erlebnisbad Aqua-

drom, Kurpark mit Feuchtgebieten und Streuobstwiesen. Information: Kurverwaltung, 72574 Bad Urach, ✆ (07125) 1761.

Ausgangspunkt: Wanderparkplatz Maisental, 455 m, Richtung Dettingen und am Stadtrand ins Maisental abbiegen.

Gehzeiten: Maisental – Ruine Hohenurach 1 Std., Ruine Hohenurach – Uracher Wasserfall ½ Std., Uracher Wasserfall – Rutschenfelsen ½ Std., Rutschenfelsen – Gütersteiner Wasserfälle ½ Std., Rückweg ½ Std.; Gesamtgehzeit 3 Std. (11 km).

Höhenunterschied: 500 m.

Anforderungen: Ausgezeichnet markierte Wanderpfade und Forstwege, teilweise steile Aufstiege.

Einkehr: Nur Kiosk am Uracher Wasserfall oder kurzer Abstecher zur bezeichneten Rohrauer Hütte.

30 m hoch wirft der berühmte Uracher Wasserfall seine sprühenden Schleier von der Hochwiese hinunter auf die moosigen Kalktuff-Stufen. Vor seinem Besuch erwartet uns ein faszinierende Stadt-Tiefblick von der Ruine Hohenurach mit der teilweise noch gut erkennbaren Raumaufteilung. Die Grafen von Urach errichteten die eine Zeitlang als Staatsgefängnis verwendete Burg bereits im 11. Jahrhundert. Herzog Ulrich von Württemberg baute sie im 16. Jahrhundert zur Landesfestung aus.

Wir spazieren am Brühlbach entlang durch das anmutige Wiesental und nehmen nach knapp 1 km den Forstweg, der in einer weiten Schleife den steilen Waldhang zur Kreuzhütte überwindet. Nach einem kräftigen Aufschwung von der Einsattelung haben wir die **Ruine** (692 m) erreicht. Westlich davon liegt die Felsenhöhle versteckt. Wieder an der Unterstandshütte, nehmen wir rechts den taleinwärts haltenden Ziehweg zurück zum Brühlbach und folgen vom Talschluß dem mit *rotem Dreieck* markierten Wanderpfad Richtung Rutschenfelsen. Dieser leitet uns über unendlich viele Steintreppen stets rechts des **Uracher Wasserfalls** kräftig bergan.

Über dem Fall liegt etwas abseits der Kiosk. Nun wandern wir deutlich weniger anstrengend in Kehren durch den prächtigen Mischwald empor. Das *rote Dreieck* weist uns oben auf einen Waldweg, der rechts am Trauf

Bad Urach – einladender Urlaubsort und idealer Startpunkt für Albwanderungen.

entlang mit herrlichen Tiefblicken in die »Hölle« zum **Rutschenfelsen** (750 m) und weiter zum Camererstein führt. Weiter geht's auf einem Forstweg (Abstecher zur Rohrauer Hütte möglich) Richtung Fohlenhof, wobei man die mit *rotem Dreiblock* bezeichnete Abzweigung zum Gelben Fels beachten sollte.

Man folgt dem Wanderpfad noch kurz am Trauf entlang und nimmt auf der Höhe des Fohlenhofs die Route talwärts zu den **Gütersteiner Wasserfällen**. Angesichts der etwas verwirrenden Wegevielfalt ins Maisental achten wir an der ersten Gabelung auf die Markierung und wählen an der zweiten den Weg an der Brunnenstube vorbei zu den oberen Fällen. Ein Waldweg trägt uns an den unteren Fällen entlang zum Gutshof Güterstein, wo uns ein Fahrweg zurück zum Startpunkt leitet.

3 Hülben – Buckleter Kapf, 732 m – Nägelesfelsen

Vergnüglicher Trauf-Spaziergang

Talort: Hülben, auf der Albhöhe, nördlich von Bad Urach. Sehenswert: Tiergehege. Information: Bürgermeisteramt, 72584 Hülben, ✆ (07125) 6314.

Ausgangspunkt: Bushaltestelle bei der Post, 713 m.

Gehzeiten: Hülben – Buckleter Kapf ¾ Std., Buckleter Kapf – Nägelesfelsen ½ Std., Rückweg ¾ Std.; Gesamtgehzeit 2 Std. (8 km).

Höhenunterschied: 60 m.

Anforderungen: Gut markierte Wanderpfade und Wirtschaftswege, keine merklichen Anstiege.

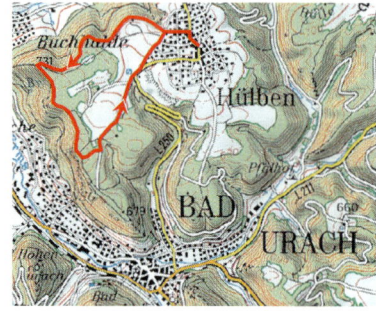

Der Bucklete Kapf erfreut den Besucher nicht nur mit einem herrlichen Tiefblick aufs Ermstal, auch das Hügelland um Metzingen läßt sich von hier oben vorzüglich betrachten. Besonderer Blickfang aber ist der imponierende Steilabfall zwischen Dettingen und Bad Urach.

Der Bucklete Kapf über dem Ermstal.

Tiefblick vom Hülbener Albtrauf auf Dettingen.

Wir spazieren von der Neuffener Straße in die Robert-Kempel-Straße. Am Ende dieser Straße weist uns die *rote Raute* auf einen talwärts führenden Feldweg. Im Wald folgen wir links dem reizvollen Traufweg, der ohne spürbaren Anstieg zum Aussichtspunkt **Buckleter Kapf** (732 m) leitet.

Wir halten uns weiter an den Wanderpfad, der an der Traufkante entlangschleicht. Dieser wechselt bald in einen breiteren Waldweg. Vom Bannwald **Nägelesfelsen** schwenken wir auf den Wanderpfad Richtung Hülben ab. Kurz darauf nimmt uns ein Forststräßchen auf und trägt uns, im weiteren Verlauf asphaltiert, zur Hülbener Kläranlage. Dort nehmen wir das Wirtschaftssträßchen zurück ins Dorf.

4 Neuffen – Sattelbogen – Hörnle, 707 m – Karlslinde, 712 m – Hohenneuffen, 743 m

Rund ums Neuffener Talbecken

Talort: Neuffen, einladendes Städtchen am Nordrand der Schwäbischen Alb. Sehenswert: Mittelalterlicher Stadtkern mit schönen Fachwerkhäusern, Deutsches Ordensmuseum, Dampfzug Sofa-Zügle zwischen Neuffen und Nürtingen. Information: Bürgermeisteramt, 72639 Neuffen, ✆ (07025) 106-0.
Ausgangspunkt: Stadtmitte, 400 m.
Gehzeiten: Neuffen – Hörnle 1 Std., Hörnle – Karlslinde 1 Std., Karlslinde – Hohenneuffen 1½ Std., Rückweg ¾ Std.; Gesamtgehzeit 4¼ Std. (16 km).
Höhenunterschied: 490 m.
Anforderungen: Gut markierte Wanderpfade, Forst- und Wirtschaftswege, ein längerer aber leichter Anstieg und ein paar Steilaufschwünge.
Einkehr: Burggaststätte Hohenneuffen.

Auf dem Waldkegel des Hohenneuffen thront die nach dem Hohentwiel höchste Burgruine Süddeutschlands. Die ansehnliche Festung diente zwischenzeitlich als Staatsgefängnis und bietet dem Wanderer einen informativen Tiefblick auf das Steinachtal mit dem Städtchen Neuffen. Hauptblickfang ist das geometrische Muster der Weinberge zu Füßen der Burg. Dort reift in sonniger Lage der von Kennern geschätzte Neuffener Sylvaner.
Wir verlassen die Straße Richtung Metzingen auf dem Gaisweg, den Wanderwegweiser Sattelbogen beachtend. Die Beschilderung »Viehweide« lenkt uns auf ein mit *blauem Dreieck* markiertes Wirtschaftssträßchen, das durch blühende Streuobstwiesen auf die Riesenwunde des Hörnles zuführt – die Nordflanke des Berges ist fast ganz dem Zementwerk zum Opfer gefallen. Vom Teerende leitet uns anfangs ein Forstweg und im weiteren Verlauf ein Wanderpfad hinauf zum **Sattelbogen** und links über einen Aufschwung zum Gipfel des **Hörnles** (707 m).
Weiter geht es an der Abrißkante des Steinbruchs entlang und nach einem kurzen Abstieg stets auf dem bewaldeten Kamm zum Schillingskreuz mit der Unterstandshütte (630 m). Wir folgen nun dem mit *blauem Dreieck* bezeichneten Forstweg bergan und steigen über ein paar Pfadkehren empor zum Naturdenkmal **Karlslinde** (712 m) auf dem Kienbein-Bergsporn, ein herrliches Vesperplätzle. Der linke wurzelige Traufpfad führt uns an der Kienbein-Unterstandshütte vorbei, bevor uns ein Forstweg aufnimmt und zu einem Wanderparkplatz leitet.

Wir spazieren kurz auf der Straße Richtung Ulm und folgen dem mit *rotem Dreieck* markierten Wirtschaftsweg, der ab dem Heidengraben in den gewohnten Traufwanderweg wechselt. Auf diesem erreichen wir die Schanze (745 m) auf dem Kohlhau mit dem Rastplatz (ganz kurzer Abstecher). Beim Wanderparkplatz geht es links auf die Straße, die leicht fallend in einen Fahrweg übergeht. Von der Wegspinne ist es nicht mehr weit durch den Tunnel hinauf zu der mächtigen Festung Hohenneuffen (743 m) mit der Burggaststätte.

Auf dem Abstieg beachten wir bei der Wegspinne die Beschilderung »Bahnhof Neuffen« und wandern auf dem Forstweg hinunter zum Bad, wo uns das Sträßchen vollends zurück ins Städtchen trägt.

Zu Füßen der Ruine Hohenneuffen liegt im Talschluß der Steinach das sehenswerte Albstädtchen Neuffen.

5 Bad Urach – Heidengraben – Kaltental

Gemütlicher Ausflug zur Wehranlage aus der Keltenzeit

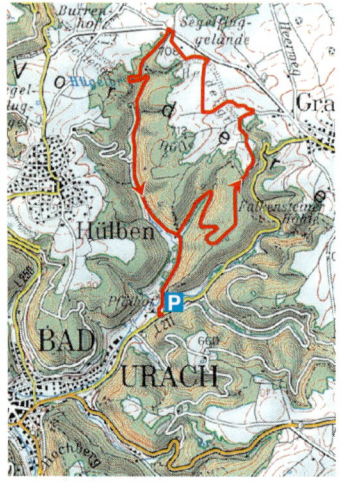

Talort: Bad Urach, liebenswerter Luftkurort und Heilbad, in ausgezeichneter Lage im Ermstal. Sehenswert: Marktplatz mit Rathaus und Röhrenbrunnen, Amandusbasilika, Residenzschloß (Albvereinsmuseum, Historisches Museum), Erlebnisbad Aquadrom, Kurpark mit Feuchtgebieten und Streuobstwiesen. Information: Kurverwaltung, 72574 Bad Urach, ☎ (07125) 1761.
Ausgangspunkt: Wanderparkplatz Pfäler Braike, 500 m; von Bad Urach auf der Landstraße Richtung Ulm/Grabenstetten bis zum Ende des Campingplatzes im Pfäler Tal.
Gehzeiten: Pfäler Braike – Heidengraben 1½ Std., Heidengraben – Kaltental 1 Std., Rückweg 1 Std.; Gesamtgehzeit 3½ Std. (13 km).
Höhenunterschied: 210 m.
Anforderungen: Teilweise markierte Forst- und Wirtschaftswege, anhaltender aber nur mäßig steiler Aufstieg.

Die Befestigung des Heidengrabens – mehrere Wälle sind noch gut erkennbar – riegelte die »Grabenstetter Halbinsel« von der Albhochfläche ab. Der Römer Gaius Julius Cäsar nannte diese keltischen Stätten, in denen Märkte und politische Kundgebungen stattfanden, »oppida«. Das Grabenstetter oppidum, mit der Elsachstadt westlich des Dorfes als Zentrum, ist mit 1616 ha das größte dieser Art in Europa.
Wir nehmen das Wirtschaftssträßchen über die Elsachbrücke und folgen an der Gabelung dem mit *roter Raute* gekennzeichneten Forststräßchen Richtung Kaltentalweiher. Direkt vor dem Kaltentalhäusle mit dem alten Fachwerk biegen wir rechts mit dem unmarkierten Forstweg in das Seitental ab. Wir folgen stets der Hauptroute und erreichen nach gemütlichem Anstieg an der Kreuzung am Waldende die Anhöhe des Lauerecks. 1 km weiter schwenken wir rechts in das Teersträßchen ein und halten uns an der folgenden Gabelung links. Am Ende des Sträßchens wandern wir auf dem Feldweg geradeaus zwischen den Überresten des **Heidengrabens** hindurch und wenden uns an der Abzweigung nach 300 m rechts hinüber zum Parkplatz.
Noch kurz vor diesem folgen wir links dem schwachen Wiesenweg zwischen Heidengraben und Kreisstraße, biegen an der Gabelung rechts ab zum Waldrand und schlendern hinaus zur Straße am Segelfluggelände. Dort

Bei den Weiden des Pfälhofs im Pfäler Tal startet die Tour zum Heidengraben.

halten wir gleich wieder links mit dem Forstweg hinunter ins **Kaltental**. Nach dem Kaltentalweiher mündet die gemütliche Runde in den bereits bekannten Kurs, auf dem wir zurück zum Parkplatz **Pfäler Braike** gelangen.

6 Bad Urach – Pfäler Eberstetten – Pfäler Tal – Falkensteiner Höhle

Leichte Waldrunde zur längsten Höhle der Schwäbischen Alb

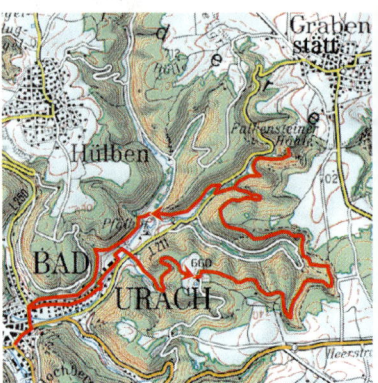

Talort: Bad Urach, liebenswerter Luftkurort und Heilbad, in ausgezeichneter Lage im Ermstal. Sehenswert: Marktplatz mit Rathaus und Röhrenbrunnen, Amandusbasilika, Residenzschloß (Albvereinsmuseum, Historisches Museum), Erlebnisbad Aquadrom, Kurpark mit Feuchtgebieten und Streuobstwiesen. Information: Kurverwaltung, 72574 Bad Urach, ✆ (07125) 1761.

Ausgangspunkt: Stadtmitte, 464 m.

Gehzeiten: Bad Urach – Pfäler Eberstetten 1 Std., Pfäler Eberstetten – Falkensteiner Höhle 2 Std., Rückweg 1½ Std.; Gesamtgehzeit 4½ Std. (19 km).

Höhenunterschied: 290 m.

Anforderungen: Überwiegend unmarkierte Forstwege, ein längerer leichter Anstieg.

Die berühmte Falkensteiner Höhle mit ihren acht Seen ist der eigentliche Elsachursprung und bisher auf einer Länge von rund 5 km erforscht. Insgesamt dürfte sie etwa 12 km lang sein. Eine Befahrung ist für nicht fachkundige Besucher nur auf den ersten 400 m möglich.

Wir verlassen die Stadt Richtung Ulm und folgen der Abzweigung nach Neuffen. Wo auch die Straße »Am Mahlensteig« abzweigt, nehmen wir die Ostendstraße und spazieren an der Kreisturnhalle vorbei bis zum Straßenende. Dort geht es über die Brücke und gleich wieder zurück ans gewohnte Ufer, weiter entlang der reizvollen Elsach. Nach dem kurzen Wiesenweg-Abschnitt überqueren wir abermals eine Brücke und kreuzen anschließend die Hauptstraße.

Der Forstweg windet sich aus dem »Langen Grund« hinauf zur Anhöhe **Pfäler Eberstetten**. Bei der Unterstandshütte links abzweigend, schreiten wir in leichtem Auf und Ab durch dichten Buchenwald zum höchsten Punkt der Route (700 m).

Der Weg schlängelt sich um das gesamte Seitental und führt hinüber zu einer Gabelung bei einer Hütte. Erst dort wenden wir uns über den Abhang talwärts. Im eng eingeschnittenen oberen **Pfäler Tal** folgen wir vor der Einmündung in die Straße rechts dem Waldweg Nr. 8, am Elsachufer entlang. Bevor der Weg nach Grabenstetten anzusteigen beginnt, halten wir kurz auf dem Wanderpfad zum Eingangsportal der **Falkensteiner Höhle** hinauf. Sie ist am Sockel der Riesen-Felsenwand leicht zu finden.

Am Portal der Falkensteiner Höhle bei Grabenstetten, der längsten erforschten Höhle der Schwäbischen Alb.

Für den Rückweg nehmen wir zunächst die bekannte Route talaus, schwenken rechts in die Straße ein und folgen gleich nach der Elsach-Querung links dem Forstweg flußabwärts. An der Kreuzung beim Pfälhof weist uns die Beschilderung »Bad Urach« auf den mit *rotem Dreiblock* markierten Forstweg, der zurück in die Stadt führt.

7 Wittlingen – Ruine Hohenwittlingen – Seeburg – Fischburgtal

Auf den Spuren des Rulamans

Talort: Wittlingen, Stadtteil von Bad Urach, auf der Albhöhe südöstlich der Stadt. Information: Kurverwaltung, 72574 Bad Urach, ℰ (07125) 1761.
Ausgangspunkt: Bushaltestelle am Rathaus, 689 m.
Gehzeiten: Wittlingen – Ruine Hohenwittlingen ½ Std., Ruine Hohenwittlingen – See-

burg 1½ Std., Rückweg 1½ Std.; Gesamtgehzeit 3½ Std. (14 km).
Höhenunterschied: 200 m.
Anforderungen: Gut markierte Wanderpfade, Wirtschafts- und Waldwege, kurzzeitig kaum befahrene Sträßchen, leichte Anstiege.
Einkehr: In Seeburg.

Im Hofgut **Hohenwittlingen**, unweit der gleichnamigen Ruine, schrieb David Friedrich Weinland seinen »Rulaman«. Theodor Heuss nannte das 1878 erstmals erschienene und nach wie vor von jung und alt gleichermaßen begeistert gelesene Buch über die »Zeit des Höhlenmenschen und des Höhlenbären« einmal das »beste deutsche Jugendbuch«. Viele der in dem Werk vorkommenden Schauplätze finden sich in der näheren Umgebung von Bad Urach.

Der Wegweiser »Hohenwittlingen« dirigiert uns auf ein Wirtschaftssträßchen an einem Rastplatz vorbei. Nach der Kurve wechselt die Route in einen vorzüglichen Wanderpfad durch Mischwald, hoch über dem Faiteltal. An der Gabelung lohnt sich der Abstecher zur Schillerhöhle. Der *gelbe Dreiblock* leitet uns nun zur erstaunlich gut erhaltenen **Ruine Hohenwittlingen**. Hoch erhebt sie sich über den üppigen Traufwald mit den neugierig hervorspitzen-

Die Ruine Hohenwittlingen über dem Seeburger Tal, in der Uracher Alb.

den Felsstotzen. Unter uns das Seeburger Tal, trotz des Autoverkehrs eines der schönsten Albtäler.

Wir richten uns nach dem Wegweiser »Seeburg« und genießen den vergnüglichen Gang auf dem Waldpfad mit einem kaum spürbaren Gegenanstieg am Hang entlang. Im weiteren Verlauf leitet der *gelbe Dreiblock* auf einen talwärts haltenden Forstweg, wobei in der Kehre die erneute Pfadabzweigung zu beachten ist. Unsere Route quert im Seeburger Tal die Bundesstraße und trägt uns auf einem Holzsteg über die junge Erms. An einem Rastplatz vorbei führt uns der Waldweg nach **Seeburg** (598 m), einem charakteristischen Albdörfchen.

Man spaziert Richtung Hengen und nimmt am Rathaus die Straße »Bei der Kirche«. Ein mit *gelbem Dreieck* markierter Wirtschaftsweg schleicht unter mehreren Felswändchen hindurch ins romantische **Fischburgtal** hinein. Der bald nur noch schmale Waldweg steigt am Fischbach entlang unmerklich bergan. Kurzzeitig müssen wir mit der Straße vorlieb nehmen, dann geht es auf dem mit *gelber Raute* bezeichneten Forstweg an einem Wildbach entlang, durch das Seitentälchen hinauf nach **Wittlingen**. Auf dem Wirtschaftssträßchen über die Kuppe (735 m) genießt man zum Schluß eine weite Aussicht auf die Albhöhen.

8 Seeburg – Ermsursprung – Trailfingen

Begeisternde Bummelei durch die Trailfinger Schlucht

Talort: Seeburg, charakteristisches Alb-dörfchen und Stadtteil von Bad Urach an der Vereinigung dreier Täler. Information: Kurverwaltung, 72574 Bad Urach, ✆ (07125) 1761.
Ausgangspunkt: Bushaltestelle Ortsmitte, 589 m.

Gehzeiten: Seeburg – Trailfingen 1 Std., Rückweg 1 Std.; Gesamtgehzeit 2 Std. (8 km).
Höhenunterschied: 130 m.
Anforderungen: Markierter Forstweg, leichter Anstieg.
Einkehr: In Trailfingen.

Kaum zu glauben, daß sich früher die Landstraße von Urach nach Münsingen durch das weltabgeschiedene Mühltal zwängte. Später verlegte man die Uracher Straße über den viel zu steilen Bergsporn des Burgbergs, ebenfalls keine glückliche Lösung. Heute bleiben beide Routen glücklicherweise dem Wanderer vorbehalten.

Wir spazieren kurz Richtung Hengen und nehmen den markierten Trailfinger Weg hinein ins Mühltal. Rückblickend charakterisiert der unter Landschaftsschutz stehende, felsige Hartberghang mit seinen Weidebuchen und Wacholdersträuchern ein typisches Albdörfchen. Der Forstweg trägt uns am Ermsursprung vorbei, einem kleinen Seelein mit Wehranlage. Wilde Felsbäuche drängen sich an den Wegrand heran. Die Trailfinger Schlucht hat uns aufgenommen.

Diese bequeme Route inmitten einer faszinierenden Felsszenerie läßt der Phantasie freien Lauf: als schlage man ein Märchenbuch auf. Bald öffnet sich der düstere Talschlund, Hecken säumen den Wegrand. Wir treten hinaus auf sonnige Wiesen und kommen nach **Trailfingen**. In dem gemütlichen Wirtshaus des abgelegenen Dorffleckens können wir uns für den Rückweg stärken.

Seeburg – eine typische Alb-Idylle.

9 Unterlenningen – Ruine Rauber – Engelhof – Hohgreutfels, 739 m – Oberlenningen

Entdeckungsreich über dem Tal der Lenninger Lauter

Talort: Lenningen, im Lautertal, südlich von Kirchheim. Information: Bürgermeisteramt, 73252 Lenningen, ☎ (07026) 6090.
Ausgangspunkt: Ortsmitte, 425 m.
Gehzeiten: Unterlenningen – Ruine Rauber 1 Std., Ruine Rauber – Engelhof ½ Std., Engelhof – Hohgreutfels ¾ Std., Rückweg ¾ Std.; Gesamtgehzeit 3 Std. (11 km).
Höhenunterschied: 400 m
Anforderungen: Gut markierte Wanderpfade und Wirtschaftswege, anhaltender und mitunter steiler Aufstieg.
Einkehr: Engelhof und in Oberlenningen.

Wer genügend Zeit und Neugierde mitbringt, kann zwischen den beiden abgeschiedenen Ruinenplätzen stundenlang auf Höhlenexkursion gehen. Das Angebot an dunklen Gewölben ist unerschöpflich.
Wir nehmen die Engelhofstraße und am Knick deren gerade Verlängerung, einen geteerten Wirtschaftsweg, über die sonnigen Hänge hinauf zum Sattelbogen. Die Beschilderung »Ruine Rauber« weist uns auf einen schönen, steilen Waldpfad, der in Kürze zu der sehenswerten, restaurierten **Burganlage** mit den vielen Bäumen und dem natürlichen Felsenfenster führt. In der Nähe liegen zudem die beiden kleinen Rauberhöhlen versteckt.
Am Torbogen trägt uns eine Holzbrücke über den Burggraben. Vorbei an der Rauberweghöhle geht's auf dem Waldweg hinauf zum Diepoldsburger Friedhof. Der Aussichtspunkt links nebenan beschert einen schönen Tiefblick auf Bissingen. Eine Wiesenspur leitet uns nun zur Tagungsstätte Diepoldsburg (790 m), wo wir auf dem Sträßchen nicht mehr weit zum Wirtshaus **Engelhof** haben. In der Nähe und abseits unseres Weiterweges, dem Schottersträßchen Richtung Oberlenningen, könnte man sich entlang dem weglosen Albtrauf den Rest des Tages mit der Suche nach den zahllosen Höhlen vertreiben: Lämmlesfelsenhöhle, Lämmlesfelsenschacht, Teichberghöhle, Himmelreichhöhle und allein zehn weitere Höhlen in den Hangfelsen oberhalb des Tobeltals.
Wo das Sträßchen abknickt, folgen wir der *roten Raute* Richtung Ruinen Wielandstein und zweigen vom Rastplatz unterhalb des **Hohgreutfelsens** auf den Pfad zum hoch über dem Lautertal gelegenen Aussichtspunkt (739 m) ab. Nach einem herrlichen Blick auf den langgezogenen Albtrauf jenseits des Lautertals – auch hier liegt unterhalb wieder ein Höhlengewölbe versteckt – besuchen wir noch, vorbei am Schmierfinkenloch und am Fuchs-

Im Lenninger Lautertal: Über Geschmack läßt sich bekanntlich streiten.

labyrinth, die Ruinenreste auf dem Wielandstein. Insgesamt standen hier einst vier Burgen. Ein reizvoller Wanderpfad trägt uns anschließend durch den Traufwald hinunter nach **Oberlenningen** (449 m), wo wir den Radweg am Bahnhof vorbei zurück nach **Unterlenningen** nehmen.

10 Bissingen – Hörnle, 602 m – Teck, 775 m – Sattelbogen

Anregende Gratwanderung vor dem Albtrauf

Talort: Bissingen a. d. Teck, am nördlichen Albrand, südöstlich von Kirchheim. Sehenswert: Mörikehaus. Information: Bürgermeisteramt, 73266 Bissingen/Teck, ✆ (07023) 2066, 2067.
Ausgangspunkt: Kirche, 415 m.
Gehzeiten: Bissingen – Hörnle ½ Std., Hörnle – Teck ¾ Std., Teck – Sattelbogen ¾ Std., Rückweg ¾ Std.; Gesamtgehzeit 2¾ Std. (9 km).
Höhenunterschied: 400 m.
Anforderungen: Meist markierte Wanderpfade und Wirtschaftswege, anhaltender aber überwiegend mäßig steiler Aufstieg.
Einkehr: Wirtshaus Teck.

Dank der vom Albkörper fast ganz abgetrennten Lage erfreut die Teck mit freien Ausblicken auf die Städte und Dörfer des Vorlandes. Besonders beeindruckend präsentiert sich der mächtige Trauf am Breitenstein. Im Osten grüßt der Kegel der Limburg, im Südwesten dehnt sich der wallende Mantel der Baßgeige aus.

Wir spazieren am sehenswerten Fachwerk-Gemeindehaus vorbei und beachten am Brunnen rechts haltend den Wegweiser »Teck – Hörnle«. Schnurstracks bergan wandernd, leitet uns das *blaue Dreieck* auf dem Fußgängerweg und dem Stuberweg über Obstwiesen direkt auf das Hörnle zu. Vom Ende des Betonsträßchens trägt uns ein Wiesenpfad geradeaus unter den Baumveteranen hindurch. Eine schwach ausgeprägte Grasspur führt uns steil über den Bergsporn hinauf zum **Hörnle** (602 m). Vom Parkplatz nehmen wir das Natursträßchen empor zur **Teck** mit dem ersehnten Wirtshaus (775 m) und dem Aussichtsturm. Ein angelegter Weg leitet unter dem alten Burggemäuer zum Fuße des Felsengartens, wo man die kleine Sibyllenhöhle findet. Dieser einstige Bärenunterschlupf war später Wohnstatt der weisen Sibylle, über die eine Sage berichtet. Unweit dieser Höhle existieren auch noch die verschlossene Sibyllen-Gegenhöhle und die Kleine Teckberghöhle. Wir wenden uns ein kurzes Stück zurück und folgen dem Wanderweg zum **Gelben Fels** (771 m). Unterhalb des Aussichtspunktes liegt die Veronikahöhle versteckt, die durch Spalten mit dem Verena-Beutlins-Loch oben auf dem Felsen verbunden ist. Darin soll einstmals eine Hexe mit ihren beiden Buben gelebt haben. Höhlenfreunde entdecken in der Umgebung noch mehrere geheimnisvolle Gewölbe.

Das Wirtshaus auf der Teck.

Der markierte Wanderweg fällt nun hinunter zum **Sattelbogen**. Helle Begeisterung weckt allerdings auch der direkt über den Bergscheitel schleichende, unmarkierte und teils felsdurchwachsene Pfad, der später wieder in den breiten Weg zum Sattelbogen mündet. Ein Feldweg trägt uns anschließend über die Jungviehweide hinunter in das Tälchen, wo uns ein betonierter Wirtschaftsweg am Gießenaubach entlang zurück nach **Bissingen** leitet.

11 Bissingen – Breitenstein, 812 m – Auchtert, 814 m – Randecker Maar

Auf steilen Pfaden zum Vulkankrater

Talort: Bissingen a. d. Teck, am nördlichen Albrand, südöstlich von Kirchheim. Information: Bürgermeisteramt, 73266 Bissingen/Teck, ✆ (07023) 2066, 2067.

Ausgangspunkt: Kirche, 415 m.

Gehzeiten: Bissingen – Breitenstein 1¼ Std., Breitenstein – Randecker Maar ¾ Std., Rückweg 1½ Std.; Gesamtgehzeit 3½ Std. (13 km).

Höhenunterschied: 440 m.

Anforderungen: Ausreichend markierte Wanderpfade und Wirtschaftssträßchen, steiler und anhaltender Aufstieg.

Den Grund des Randecker Maars – es ist der größte Tuffschlot des »Schwäbischen Vulkans« – bedecken 100 m dicke Ablagerungen eines Sees, der im Tertiär die wasserundurchlässige Basalttuff-Schüssel ausfüllte. Durch die Erosion bedingt »wanderte« der Albtrauf im Laufe der Zeit zurück. Der Zipfelbach grub sich immer tiefer ein und brachte den See schließlich zum Auslaufen. Manche der an den oberen Maarhängen verstreut liegenden Felsblöcke sind hochgeschleuderte Trümmergesteine.

Der Wegweiser »Breitenstein« leitet uns von der Vorderen Straße am großen Dorfteich vorbei. Wir achten auf die Abzweigung des Schotterwegs von unserem Sträßchen und biegen gleich darauf links auf den mit *blauem Dreieck* markierten alten Ziehweg ab. Die Route klettert im weiteren Verlauf, die Kreisstraße querend, als Pfad in zahlreichen Kehren durch den Traufwald hinauf. Vom Gipfel des **Breitensteins** (812 m), 500 m über Kirchheim, schweift der Blick weit hinaus über die anregende Felsenkante – ein Rastplätzchen vom Feinsten. Darunter verstecken sich die Breitensteinhöhle und ein paar kleinere Gewölbe.

Wir wandern kurz zurück, nehmen das Wirtschaftssträßchen am Trauf entlang und steigen dem benachbarten **Auchtert** (814 m) aufs Dach. Der Wegweiser »Randecker Maar« zeigt uns südwärts den weglosen Kurs über die Steppenböden zu einem geteerten Wirtschaftsweg. Unterhalb schwenken wir links in die Straße ein und beachten die Abzweigung nach Randeck. Ein Fußpfad führt uns durchs Naturschutzgebiet am Kraterrand entlang, hinüber zu einem Sträßchen. Dieses trägt uns links zum Salzmannstein am Südrand des Vulkantrichters.

Nach Ziegelhütte geht's links ein Stück auf der Landstraße talwärts. Direkt in der scharfen Kurve begeben wir uns auf den geradewegs bergab leitenden

Pfad (nicht auf die Wiesenspur am Waldrand entlang). Nach einer Fahrweg-Querung hält man sich kurz weglos an der Telefonleitung entlang (offizielle Wanderroute) zur Straße. Diese kreuzt man und wählt den mit *blauer Raute* markierten Wanderpfad über den Bachsteg. Er führt nach einem kurzen Gegenanstieg durch den Buchenwald am Hang entlang. Im weiteren Verlauf geht's auf einem Forstweg zur Straße Bissingen – Ochsenwang. Dieser folgen wir kurz bergab und nehmen links den geteerten Wirtschaftsweg zurück nach **Bissingen**.

In Bissingen beginnt der 400 m hohe Aufstieg zum Breitenstein.

12 Gutenberg – Heimenstein, 763 m – Torfgrube – Gutenberger Höhle

Beliebte Höhlen und eine Moorlandschaft mit Urwaldcharakter

Talort: Gutenberg, am Ursprung der Lenninger Lauter, südlich von Kirchheim. Information: Bürgermeisteramt, 73252 Lenningen, ✆ (07026) 6090.
Ausgangspunkt: Kirche, 532 m.
Gehzeiten: Gutenberg – Heimenstein 2 Std., Heimenstein – Torfgrube 1 Std., Rückweg 1 Std.; Gesamtgehzeit 4 Std. (14 km).
Höhenunterschied: 240 m.
Anforderungen: Gut markierte Wanderpfade und Wirtschaftssträßchen, außer dem steilen aber nur kurzen Aufstieg zu Anfang keine nennenswerten Anstiege.
Einkehr: Otto-Hofmeister-Haus.

Einzigartig für die Alb ist das Schopflocher Moor, auch Torfgrube genannt, mit seinen ungewöhnlich reichen Birkenbeständen. Der wasserundurchlässige Basalttuff dieses einstigen Vulkangebietes ermöglichte die Entstehung eines Hochmoores, von dem wegen des langen Torfabbaus leider nur zwei winzige Torfhügel übrigblieben.

Von der bergwärts führenden Hauptstraße biegen wir auf die Obere Mühlstraße Richtung Pfulb ab und wandern auf einem Forstweg am Lauter-Oberlauf entlang. Am Ursprung des Flüßchens folgen wir dem zunehmend felsigen Pfad geradeaus durch den Wald hinauf. Nach der Querung der B 465 klettert die nicht alltägliche Route, teils drahtseilversichert in Kehren unter einer imponierenden Felswand hindurch, empor zur Albhöhe. Man quert nochmals eine Straße und nimmt vom Pfulb-Wanderparkplatz den asphaltierten Wirtschaftsweg an den Skiliften vorbei. Die erholsame Bummelei leitet über flache Wiesengründe zum jenseitigen Albtrauf mit dem Rastplatz Bahnhöfle, den man zuletzt rechts in die Straße einschwenkend erreicht.

Wir nehmen nun den Forstweg und folgen alsbald dem mit *rotem Dreieck* markierten Traufweg Richtung Randecker Maar, zur **Heimensteinhöhle** (763 m), einer begehbaren Durchgangshöhle. Früher stand hier auf dem Aussichtspunkt Heimenstein auch eine Burg. Die Markierung weist uns an der Hindenburg-Unterstandshütte vorbei und stets durch prächtigen Bu-

Gutenberg im Osten der Uracher Alb.

chenwald weiter an der Traufkante entlang. Nach dem Wald wechselt unsere Route auf einen geteerten Wirtschaftsweg, der nach einer Kuppe das Randecker Maar erreicht. An der Straßeneinmündung vor Ziegelhütte halten wir uns Richtung Schopfloch, wenden uns an der Gabelung nach 300 m rechts, schwenken links in die Landstraße ein und spazieren nach 200 m auf dem Privatsträßchen zum Otto-Hofmeister-Haus.

Nach dem Abstecher auf der Wiesenspur und dem breiten Holzschwellenweg zur **Torfgrube** bleiben wir der Schopflocher Route treu und folgen, wo unser Kurs auf die Straße trifft, dem Wanderweg bergab zur 220 m langen **Gutenberger Höhle** und zur benachbarten Gußmannshöhle, beide elektrisch beleuchtet. Gleich zu Beginn des Pfadabstiegs bietet sich dabei der kurze Abzweig auf dem Felssteiglein zur Wolfschluchthöhle an. Auch die beiden Krebssteinhöhlen und die Belemnitenhöhle warten noch auf eine Entdeckung. Der mit *roter Raute* markierte Pfad trägt uns schließlich über den steilen Berghang hinunter zum Sportheim, wo uns ein Sträßchen zurück ins Dorf aufnimmt.

13 Gutenberg – Donntal – Ruine Sperberseck, 728 m

Kleine Tour mit großer Wirkung

Talort: Gutenberg, im Talschluß der Lenninger Lauter, an der B 465 südlich von Kirchheim. Information: Bürgermeisteramt, 73252 Lenningen, ✆ (07026) 6090.
Ausgangspunkt: Kirche, 532 m.
Gehzeiten: Gutenberg – Ruine Sperberseck 1½ Std., Rückweg ¾ Std.; Gesamtgehzeit 2¼ Std. (8 km).
Höhenunterschied: 240 m.
Anforderungen: Gut markierte Wander- und Forstwege, mäßig steiler Aufstieg.

Einer jener typisch versteckten Alb-Schleichwege, die sich aufgrund ihres Erlebniswertes trotz ihrer bescheidenen Länge ins Gedächtnis einprägen. Etwa 50 Höhenmeter nördlich unterhalb der Ruine Sperberseck befindet sich die über 100 m lange Mondmilchhöhle. Allein wegen der spärlichen Vorkommen von Mondmilch (auch Montmilch) lohnt sich ein Abstieg kaum.

Wir nehmen die Lindenstraße und spazieren kurz Richtung Unterlenningen. Der Wegweiser »Dontal« lenkt unseren Schritt am reizvollen Bächlein entlang, hinein in den wildromantischen Talschluß. Durch den einsamen Mischwald hinauf halten wir uns nicht an die Markierungen, sondern folgen einfach immer dem Hauptweg. Dieser verschmälert sich bald und leitet rechts empor zu einem asphaltierten Wirtschaftsweg auf einer Hochwiese (775 m).

Der mit *gelbem Dreieck* markierte Weg Richtung Unterlenningen wechselt im Wald in einen Forstweg, den wir, dem Wegweiser »Sperberseck« folgend, bald wieder verlassen. Eine Wiesenspur führt uns in Kürze zum wenig beeindruckenden Ruinengemäuer. Die Aussicht ist durch die Bäume eingeschränkt. Dennoch – dieses verschwiegene Plätzchen strahlt das gewisse Etwas aus – ein wunderbarer Fleck zum Träumen.

Richtung Gutenberg spazieren wir auf dem netten Wanderpfad durch den Wald hinunter und treffen in der Talsohle wieder auf unseren bereits bekannten Kurs zurück ins Dorf.

Am Dorfrand von Gutenberg.

14 Wiesensteig – Filsursprung – Schertelshöhle – Ruine Reußenstein

Landschaftliche Harmonie zwischen Uracher Alb und Filstal

Talort: Wiesensteig, reizvolles Städtchen und Erholungsort im oberen Filstal, unter dem Albaufstieg der A 8. Sehenswert: Helfensteinisches Schloß, Marktplatz mit alten Fachwerkbauten und Elefantenbrunnen, Stadtkirche St. Cyriacus. Information: Städtisches Verkehrsamt, 73349 Wiesensteig, ✆ (07335) 5041.
Ausgangspunkt: Gasthof zum See, 592 m.
Gehzeiten: Wiesensteig – Filsursprung 1 Std., Filsursprung – Schertelshöhle ¾ Std., Schertelshöhle – Ruine Reußenstein 2 Std., Rückweg 1¼ Std.; Gesamtgehzeit 5 Std. (20 km).
Höhenunterschied: 310 m.
Anforderungen: Ausreichend markierte Forst- und Wirtschaftswege sowie Wanderpfade, mäßiger Anstieg.
Einkehr: An der Schertelshöhle und in Reußenstein, mit kleinem Abstecher auch in Donnstetten.

Der Schwarze Vere, ein ehemaliger Räuberhauptmann, soll einst die Schertelshöhle als geheimen Zufluchtsort gewählt haben. Die 212 m lange Schauhöhle birgt in ihren zwei tiefen Gängen und der Halle mit einer natürlichen Dachöffnung herrliche Stalagmiten und prachtvollen Sinterschmuck.
Wir nehmen die Seestraße, wandern am Schwimmbad vorbei und folgen dem Fahrweg zur Papiermühle. Im verschwiegenen Hasental führt uns die ansteigende Route an einer Quelle und dem **Filsursprung** vorbei. Bald darauf zweigen wir in ein enges Seitental ab. Der Waldweg trägt uns hinauf zur Weggabel bei der Höhle Steinernes Haus. Ein kurzer Pfadabstecher bringt uns zum großen Portal mit dem knapp 50 m langen Gang.
Kurz oberhalb unserer Gabelung zweigt ein Fußweg zum Wirtshaus am Eingang der **Schertelshöhle** ab. Nach dem Höhlenbesuch spazieren wir, zurück an der Forstweggabelung, auf der mit *rotem Dreiblock* markierten gemütlichen Route durch den Mischwald Richtung Donnstetten. Hinauf zum Waldrand kürzt ein Pfad die Wegschleife ab. Auf der Kuppe (850 m) mit den Rastbänken kurz vor Donnstetten folgt man rechts dem Radweg und zweigt gleich wieder links auf die mit *roter Raute* markierte Wiesenspur Richtung Reußenstein ab. Kurz darauf stößt man auf einen talwärts führenden Wirtschaftsweg.

Unterhalb wenden wir uns an der Abzweigung rechts und kommen, den Wegweiser »Gutenberg« beachtend, auf einem nun geteerten Wirtschaftsweg durch eine Wiesensenke. Wir halten uns an die Beschilderung »Bahnhöfle«, biegen kurz vor der Einmündung in die Kreisstraße rechts auf den Forstweg (705 m) ab und folgen links der *roten Raute*. Nach der Straßenquerung geht's auf dem Traufweg leicht bergan zur **Ruine Reußenstein** (760 m) mit ihrem stolzen Bergfried und dem großen Rastplatz. Die Umwallung bietet schöne Ausblicke auf das Wiesental der Lindach, zum Ausliegerberg der Limburg sowie zum Heimensteinfelsen, in dessen Höhle einstmals der angebliche Bauherr der Burg, der Riese Heim, gehaust haben soll.

In nordöstlicher Richtung leitet uns nun ein breiter Wanderweg an der Traufkante entlang nach Reußenstein. Auf einem Sträßchen, im weiteren Verlauf auf einem geteerten Fußweg neben der Kreisstraße und zuletzt unter dieser hindurch kommen wir nach Ziegelhof. Der steinige Wanderweg trägt uns durchs Autal zurück ans Filsufer, wo wir die bekannte Route hinein nach **Wiesensteig** nehmen.

Auf hohem Felsenriff über dem Wiesental der Lindach thront die Ruine Reußenstein.

Kaiserberge, Albuch und Geislingen

Mitunter die größten Höhenunterschiede der Ostalb erwarten den Wanderer in einem Gebiet, das durch die Erosionskräfte schon fast ganz von der Albtafel abgetrennt wurde. Es ist das geschichtsträchtige Land der westlich vom Schurwald begrenzten Kaiserberge zwischen der Rems im Norden und der Fils und der Donzdorfer Lauter im Süden. Die berühmten, verhältnismäßig isoliert dastehenden Zeugenberge Hohenstaufen, Rechberg und Stuifen sind nur noch durch eine schmale »Nabelschnur« mit der »Albmutter« verbunden. Die Aufstiege aus den beiden verkehrsbegünstigten und industriereichen Haupttälern ins hügelige Reich der Staufer gestalten sich allerdings bei weitem nicht so steil wie jene in den westlicheren Gebieten der Alb.

Im östlich anschließenden, relativ waldreichen Albuch finden wir wieder eine geschlossene Alblandschaft vor. Kaum Täler, abgesehen von ein paar kleineren Trockentälern, von denen das Wental mit seinen Felsgestalten die größte Ausstrahlung auf den Besucher ausübt. Der in der Heubacher Gegend steile Trauf hält einige Höhepunkte bereit. Allein um den beliebten Rosenstein versammeln sich viele Höhlen und Aussichtspunkte und manche besuchenswerte Stätten vor- und frühgeschichtlicher Besiedlung.

Bereits kurz nach dem Quelltopf strömt der Schwarze Kocher als stattliches Flüßchen durchs einladende Wiesental.

Von der Schonterhöhe präsentiert sich Deggingen im Filstal besonders schön.

In dem versteckten und sagenumwobenen Wasserfall Teufelsklinge finden wir ein aufgeschlagenes Buch der Erdgeschichte vor. Eine weitere Rarität des Albuchs ist das beeindruckende, durch einen Meteoriteinschlag entstandene Kraterbecken bei Steinheim, in dem Archäologen reiche Entdeckungen machten. Weitere hervorzuhebende Wanderziele sind die Quelltöpfe der Brenz und des Schwarzen Kochers. Das Albvorland und die natürliche östliche Gebietsbegrenzung, das heute von Brenz und Kocher gemeinsam durchflossene Tal der Ur-Brenz, werden deutlich von der Industrie geprägt.

Südlich der Kaiserberge und des Albuchs schließt eine ungemein zergliederte Ecke mit einigen der schönsten Höhenwegen der Alb an: Geislingen und das weit in den Albkörper hineingreifende Filstal. Der Gegenpol zur ruhigen, sich östlich fortsetzenden Stubersheimer- und Heidenheimer Alb. In Geislingen treffen fünf Täler zusammen. Eines der romantischsten Albtäler überhaupt ist das Roggental mit seinen märchenhaften, fast schon alpin anmutenden Seitentälern, in denen sich Fuchs und Hase gute Nacht sagen.

Der landschaftliche Reiz dieses zentralen Teils der Ostalb ist kaum zu überbieten; er wetteifert mit der Uracher- und Reutlinger Alb um die Gunst des Wanderers. Urige Schluchten mit teilweise anpruchsvollen Wegen, Wasserfälle, anregende Felsbalkone, sonnige Wacholderhänge – ein prachtvolles Gesamtbild. Allerdings, zimperlich geht's nicht gerade her, wenn man etwa aus dem Filstal durch die fesselnden Mischwälder hinauf zum Steilrand steigt. Da erspart so manch neckischer Aufstieg abends die Sauna. Alles in allem: In Geislingen lohnt es sich, Urlaub zu machen und ringsum seiner Neugierde freien Lauf zu lassen.

15 Ottenbach – Stixenhöfe – Ruine Hohenstaufen, 684 m

Zum einst bedeutendsten Ort des Herzogtums Schwaben

Talort: Ottenbach, im Tal der Krumm, zwischen Schwäbisch Gmünd und Eislingen. Information: Verkehrsamt, 73113 Ottenbach, ✆ (07165) 8741.

Ausgangspunkt: Nördlicher Dorfrand, 380 m.

Gehzeiten: Ottenbach – Ruine Hohenstaufen 1½ Std., Rückweg 1 Std.; Gesamtgehzeit 2½ Std. (8 km).

Höhenunterschied: 300 m.

Anforderungen: Teilweise markierte Wirtschaftswege und Privatsträßchen, anhaltender aber wenig anstrengender Aufstieg.

Kreuz am Wegrand.

Einkehr: Burgschenke und in Hohenstaufen.

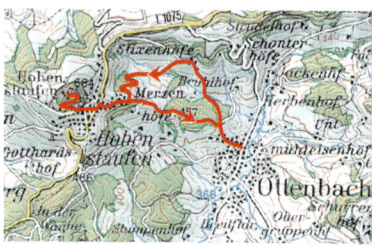

Auf dem aussichtsreichen Hohenstaufen standen vormals zwei umfriedete Burghöfe. In einem befanden sich die Wohngebäude mit den beiden Türmen, im anderen standen eine Kapelle und der Brunnen. Unter Herzog Friedrich I. erlangte die später im Bauernkrieg vom »Gaildorfer Haufen« zerstörte Burg weithin Bedeutung.

Wir orientieren uns an der Beschilderung »Hohenstaufen« und schlendern auf dem Privatsträßchen hinauf zu den **Stixenhöfen**. An der Gabelung nach dem Hofgelände geht's durch die Talsohle des Buhbächles und wieder bergan nach Hohenstaufen (603 m). Wir nehmen links die Vorfahrtsstraße und folgen der Straße »Bruckhölzer« und geradeaus der Beurengasse. Vom Bergweg schlängelt sich schließlich ein sandiger Fahrweg in Kehren durch den Efeuwald bergan zur **Ruine Hohenstaufen** (684 m) mit der kleinen Burgschenke.

Im Klettergarten Spielburg unter dem Hohenstaufen, in den Kaiserbergen.

Auf dem Rückweg entscheiden wir uns bei den letzten Häusern von Hohenstaufen für den mit *blauem Punkt* markierten Alternativabstieg. Die Route wechselt bald vom Teersträßchen geradeaus in eine Wiesenspur und führt als Waldweg talwärts zum Wanderparkplatz, von dem uns der bekannte Kurs zurück nach **Ottenbach** trägt.

16 Hölltal – Schönbronn – Reitprechts – Hohenrechberg, 707 m – Metlangen

Bequeme Wege auf den höchsten Kaiserberg

Talort: Schwäbisch Gmünd, große Kreisstadt und Erholungsort im Remstal, am Nordrand der Schwäbischen Alb. Sehenswert: Marktplatz mit Fachwerk- und Barockhäusern, Reste der mittelalterlichen Stadtbe-

festigung mit sechs Wehrtürmen, Städtisches Museum und Ostdeutsche Stube im Kulturzentrum Prediger, Silberwaren- und Bijouteriemuseum Ott-Pausersche-Fabrik, Heilig-Kreuz-Münster (älteste gotische Hallenkirche Süddeutschlands, St. Johanniskirche, Ev. Stadtkirche, Franziskanerkirche. Information: Städt. Verkehrsamt, 73525 Schwäbisch Gmünd, ✆ (07171) 603455.

Ausgangspunkt: Wanderparkplatz Hölltal, 320 m; zu erreichen Richtung Stuttgart, nach dem Beginn der vierspurigen Straße erste Ausfahrt, über die B 29-Brücke und Wegweisern »Hölltal« und »Rechberg« folgen.

Gehzeiten: Hölltal – Hohenrechberg 2½ Std., Rückweg 1¼ Std.; Gesamtgehzeit 3¾ Std. (13 km).

Höhenunterschied: 390 m.

Anforderungen: Überwiegend markierte Wirtschaftssträßchen und Forstwege, sanfte Anstiege.

Einkehr: Gipfelwirtshaus auf dem Hohenrechberg.

Eine leichte Runde zu einem beliebten Albgipfel, auf der die immerhin zu bewältigenden knapp 400 Höhenmeter gewiß keinen Muskelkater nach sich ziehen werden.

Wir wandern kurz zurück zur beschilderten Abzweigung, richten uns nach dem Schild »Hohenstaufen« und nehmen das Natursträßchen, das nach der Kehre asphaltiert stärker durch den Wald bergan steigt, nach **Schönbronn** (425 m). In **Reitprechts** (425 m) – vor uns die beiden Zeugenberge Rechberg und Hohenstaufen – folgen wir, die Landstraße querend, weiterhin der Bezeichnung »Hohenstaufen«. Das geteerte Wirtschaftssträßchen wechselt am Waldrand in einen ansteigenden Forstweg, der uns an der Kreuzung geradeaus auf den freien Höhenzug leitet. Wir nehmen links das Sträßchen nach Rechberg, wo uns am Ortsanfang der schmale Fußweg hinauf zur Ruine Rechberg trägt. Von dort ist es nicht mehr weit auf der übertrieben breiten Straße zum Gipfel des **Hohenrechbergs** (707 m) mit der Wallfahrtskirche.

Zurück im Dorf, wählen wir den mit *blauem Punkt* bezeichneten Geologi-

Die Ruine Hohenrechberg bei Waldstetten.

schen Lehrpfad über die Wiesen hinunter nach **Metlangen** (435 m). Ein kurzes Stück links der Landstraße folgend, trägt uns erst ein Wirtschaftsweg, im Tal ein Waldweg am Tiefenbach entlang zurück zum Parkplatz.

17 Heubach – Beuren – Bernhardsberg, 774 m – Bargauer Kreuz

Waldeinsamkeit im nördlichen Albuch

Talort: Heubach, einladendes Städtchen am Nordrand der Schwäbischen Alb, östlich von Schäbisch Gmünd. Sehenswert: Gußeiserner Marktbrunnen, Torturm-Barockbau, Museum. Information: Verkehrsamt, 73540 Heubach, ✆ (07173) 18139.

Ausgangspunkt: Rathaus, 465 m.

Gehzeiten: Heubach – Beuren ½ Std., Beuren – Bernhardsberg 2 Std., Bernhardsberg – Bargauer Kreuz 1¼ Std., Rückweg 1 Std.; Gesamtgehzeit 4¾ Std. (18 km)

Höhenunterschied: 400 m.

Anforderungen: Teilweise markierte Forst- und Wirtschaftswege sowie Wanderpfade, bis Beuren kaum befahrenes Sträßchen, mäßig steile Anstiege.

Vom Denkmal auf dem Bernhardsberg mit der weltabgeschiedenen Bernharduskapelle erwarten den Besucher weite Ausblicke auf das Tiefland mit Schwäbisch Gmünd.

Beuren am Nordrand des Albuchs.

Der einsame Aufstieg durch den prachtvollen Traufwald zum Bernhardsberg.

Auftakt ist der Spaziergang auf dem stillen Sträßchen durch das anmutige Wiesental nach **Beuren**. Bald nach dem kleinen Ort trägt uns der markierte Wanderweg hinauf zum Sattel (630 m) am Himmelreich. Man folgt jenseits talwärts kurz dem Wanderpfad Richtung Unterbettringen und schwenkt links auf den im weiteren Verlauf unmarkierten Forstweg nach »Weiler i. d. B.«. Unterhalb lenkt man den Schritt links hinein ins einsame Tal des Langenbachs. Immer geradewegs am Bargauer Horn entlang kommen wir zu einem Rastplatz (560 m). Dort setzt links eine längere Forstwegsteige an, die uns durch den Traufwald empor leitet. Auf der Kuppe des **Bernhardsbergs** halten wir uns an der Kreuzung rechts und zweigen nach 300 m abermals rechts auf den Waldweg ab, der geradeaus zur Bernharduskapelle (774 m) mit dem Aussichtspunkt führt.

Zurück an der Forststraßen-Kreuzung, wandern wir geradeaus und folgen nach 300 m an der Gabelung dem Wegweiser »Falkenhöhle«. An der nächsten Wegkreuzung orientieren wir uns an der Beschilderung »Heubach-Rosenstein« und beachten nach 50 m rechts das *rote Dreieck*. Die Markierung leitet uns nach weiteren 250 m links zum höchsten Punkt des Falkenbergs (776 m). Der teils wurzelige Waldweg mündet unterhalb links in den breiteren Forstweg Richtung Rosenstein ein.

Nach der Ackerfläche der Kitzinger Ebene geht's geradeaus zur Hauptkreuzung am **Bargauer Kreuz**. Zwischen den beiden Forstwegen führt der weiterhin mit *rotem Dreieck* markierte, undeutliche Pfad etwas versteckt in nördlicher Richtung bergab. Zuletzt geht's über die Wiesen nach Beuren und wie bekannt zurück nach **Heubach**.

18 Heubach – Teufelsklinge – Utzenberg, 766 m – Finsteres Loch – Rosenstein, 735 m

Heubacher Albtrauf – Höhepunkte am laufenden Band

Talort: Heubach, einladendes Städtchen am Nordrand der Schwäbischen Alb, östlich von Schäbisch Gmünd. Sehenswert: Gußeiserner Marktbrunnen mit Fischkasten, Torturm-Barockbau, Museum. Information: Verkehrsamt, 73540 Heubach, ✆ (07173) 18139.

Ausgangspunkt: Rathaus, 465 m.

Gehzeiten: Heubach – Teufelsklinge ¾ Std., Teufelsklinge – Finsteres Loch 1¾ Std., Finsteres Loch – Rosenstein ¾ Std., Rückweg 1 Std.; Gesamtgehzeit 4¼ Std. (14 km).

Höhenunterschied: 360 m.

Anforderungen: Gut markierte Wanderpfade und Forstwege, bis auf die steilen Höhlenabstecher nur mäßige Anstiege.

Einkehr: Bei der Ruine Rosenstein.

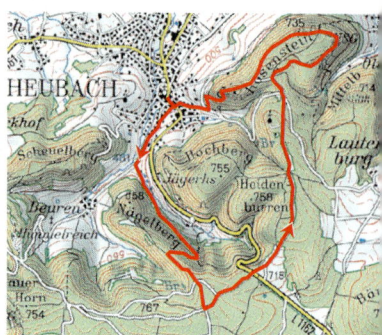

Die landschaftlichen Reize um den Rosenstein sind ungemein vielfältig: erholsame Traufwälder und idyllische Wiesentäler, Wasserfälle und tiefe Tobelgründe, jäh abstürzende Kletterfelsen, mehrere besuchenswerte Höhlen, eine Ruine und natürlich zahlreiche herrliche Aussichtspunkte.

Wir verlassen die Straße Richtung Beuren am Ortsende auf dem Wirtschaftsweg durch das schöne, vom Tumbach durchflossene Wiesental zum Wasserfall **Teufelsklinge**. Ein kurzer, gesicherter Pfad leitet uns zur Quelle, die aus einem Felsspalt strömt und in das tiefe, sagenumwobene Kerbtal stürzt. Angeblich soll dort unten der Teufel höchstpersönlich hausen. Sehenswert ist auch die Gesteinsschichtung.

Weiter geht's auf dem mit *roter Raute* gekennzeichneten Waldpfad bergan Richtung Kitzinghöfe. Unsere Route mündet oberhalb links in den breiten Wanderweg zur Falkenhöhle. An der Kreuzung auf der Waldkuppe halten wir uns an den *roten Dreiblock* Richtung Rosenstein. Nach der Landstraßen-Querung begeben wir uns hinter dem Parkplatz links auf das sanft ansteigende Forststräßchen und wandern rechts am Bundeswehrgelände auf dem **Utzenberg** (766 m) vorbei, hinunter zu einer Kreuzung. Geradeaus – unterwegs bietet sich die Abzweigung zum Fernsehturm an – gelangt man zum Parkplatz am Straßenende.

Man nimmt den Forstweg geradeaus und folgt an der Wegspinne weiterhin dem *roten Dreiblock*. An der Gabelung rechts haltend, erreicht man auf einem ausgetretenen Pfad etwas unterhalb der Hochfläche über dem Lap-

Längst kein selbstverständliches Bild mehr: Der »Haufen« des Wanderschäfers.

pental den kleinen Eingang der 133 m langen, einst von Mammutjägern bewohnten Durchgangshöhle **Finsteres Loch**. Auf dem Weiterweg entlang dem Trauf erfreuen uns immer wieder prächtige Tiefblicke auf das Albvorland. Ein angelegter Pfad führt uns zum beeindruckenden Tunnelgewölbe der Durchgangshöhle Große Scheuer mit den drei Portalen. Gleich nebenan erwartet uns, ebenfalls auf einem Pfad zu erreichen, eine kleine Auswölbung, das Haus.

Unterwegs über den höchsten Punkt des **Rosensteins** (735 m), an der Waldschenke vorbei zur Ruine Rosenstein, gibt es weitere Höhlen zu entdekken, die Pliksburggrotten und das Kleine Dampfloch. Eine Eisenbrücke trägt uns schließlich über eine tiefe Felsenkluft hinüber zur Burgruine mit atemberaubendem Tiefblick. Darunter versteckt sich die Höhle Kleine Scheuer. Nur noch ein Katzensprung ist es nun auf dem steilen Waldpfad zurück nach **Heubach**.

19 Essingen – Lauterburg – Tauchenweiler

Beschauliche Albuch-Runde

Talort: Essingen, am Nordrand des Albuchs, westlich von Aalen. Sehenswert: Garten-Center mit Kleinzoo. Information: Bürgermeisteramt, 73457 Essingen, ☎ (07365) 83-0.
Ausgangspunkt: Ortsmitte, 500 m.
Gehzeiten: Essingen – Lauterburg 1½ Std., Lauterburg – Tauchenweiler 1¾ Std., Rück-

weg 1½ Std.; Gesamtgehzeit 4¾ Std. (19 km).
Höhenunterschied: 240 m.
Anforderungen: Ausreichend markierte Forst- und Wanderwege sowie Wirtschaftssträßchen, kurzer Anstieg.
Einkehr: In Lauterburg und in Tauchenweiler.

Außer einer dem Verfall preisgegebenen Ruine bietet diese Ostalb-Wanderung wenig Spektakuläres. Wer jedoch mit offenen Augen unterwegs ist, erspäht so manche Ungenormtheiten am Wegesrand, die unsere Aufmerksamkeit verdienen: mehrere Dolinen, zwei alte Hülben, ehemalige Erzgruben, hier und dort knorrige Charakterbäume... Zudem erwartet uns mitten im Wald eine gemütliche Einkehr.

Los geht's auf der Straße nach Bartholomä und an der Kreuzung nach der Bank geradeaus Richtung Remsursprung. Der mit *blauem Dreieck* markierte Riedweg trägt uns zum Dorfrand, wo uns ein Forststräßchen taleinwärts führt. Kurz nach dem Waldende spazieren wir rechts auf dem Wiesenweg über das Bächlein und folgen weiterhin dem *blauen Dreieck* Richtung Lauterburg. Ein Pfad leitet

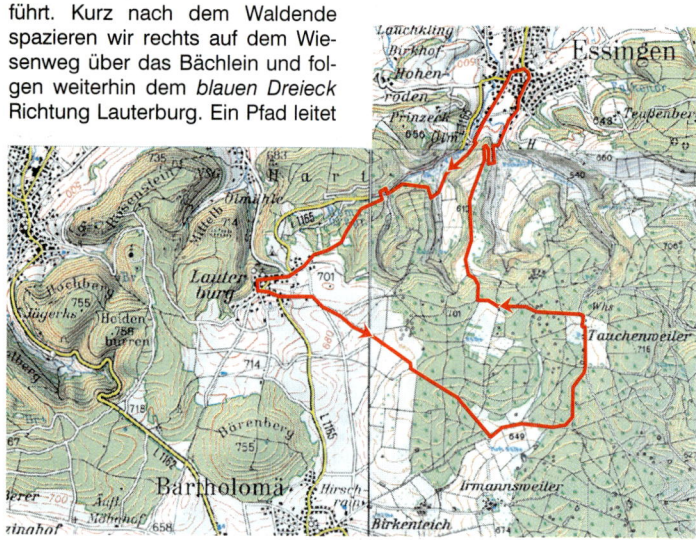

Hochsommer auf der Ostalb.

uns flach durch den Buchenwald. Bei der Forellenzucht vor dem Remsursprung begeben wir uns kurz auf die Landstraße und nehmen den alten Ziehweg bergauf durch den Mischwald nach **Lauterburg** (674 m).

Nach dem Weiher, einer ehemaligen Hülbe, folgen wir der Reutestraße und halten uns Richtung Heidenheim. Der Wegweiser »Schützenheim« führt uns zur einsturzgefährdeten Ruine Lauterburg. Nun geht's die Straße hinauf und links hinaus zur Vorfahrtsstraße. Diese spazieren wir weiter bergan, schwenken in den Volkmarsbergweg ab und bummeln auf dem Wirtschaftssträßchen über die Felder. Beim Rastplatz beachtet man den Wegweiser »Volkmarsberg« und orientiert sich im weiteren Verlauf am *gelben Dreieck* Richtung Irmannsweiler. Die Markierung weist auf einen Waldweg und auf der anschließenden Lichtung Richtung Tauchenweiler. Ein Forststräßchen trägt uns an einem Naturschutzgebiet vorbei zur Ausflugsgaststätte **Tauchenweiler** (689 m) mit der sehenswerten, denkmalgeschützten Hülbe.

Nach dem Wirtshaus folgen wir dem *roten Dreieck* durch einen Waldflecken Richtung Lauterburg und wählen am Ende der Lichtung den mit *blauem Dreieck* bezeichneten Waldweg. Dieser wechselt talwärts in einen geteerten Wirtschaftsweg zurück nach **Essingen**.

20 Steinheim – Hirschtal – Wental – Felsenmeer

In märchenhaften Trockentälern

Talort: Steinheim am Albuch, im Steinheimer Becken, westlich von Heidenheim.
Sehenswert: Meteoritkratermuseum in Sontheim. Information: Verkehrsamt, 89555 Steinheim a. Albuch, ✆ (07329) 89-56.
Ausgangspunkt: Ortsmitte, 540 m.
Gehzeiten: Steinheim – Steinhüttle 1¼ Std., Steinhüttle – Felsenmeer 1 Std., Rückweg 2¼ Std.; Gesamtgehzeit 4½ Std. (18 km).
Höhenunterschied: 80 m.
Anforderungen: Gut markierte Forstwege, anfangs kaum befahrenes Sträßchen, keine merklichen Anstiege.
Einkehr: Gasthof im Wental.

Nach dem Meteoriteinschlag, der das nahezu kreisrunde Steinheimer Becken hinterließ, füllte das Grundwasser einen Kratersee auf, von dem bedeutsame Kalkablagerungen übrigblieben. Archäologen fanden unzählige Knochen vieler Tierarten aus dem Tertiär.

Wir orientieren uns am Wanderwegweiser Richtung Bartholomä und lenken unseren Schritt auf der Straße hinaus ins **Hirschtal**, das sich bald nach den wilden Felsformationen am Taleingang verzweigt. Anschließend begeben wir uns am Wildwasser-Staudamm vorbei und stets dem *gelben Dreieck* folgend rechts ins Gnannental. Kurzzeitig nehmen wir mit Fahrspuren vorlieb und spazieren auf einem Forstweg hinein ins enge, wildromantische **Wental**. Alle drei Talfurchen liegen seit dem Fallen des Karstwasserspiegels trocken.

Moosbewachsene Dolomit-Felsburgen, teilweise durchlöchert, ragen allerorts aus dem geheimnisvollen Wald. Lehrtafeln erklären dem Wanderer die Baumvielfalt. Hinter dem Steinhüttle imponiert das spitzgeformte Wentalweible mit seinem kreuzgeschmückten Gipfel. Ein stimmungsvoller Wanderkurs! Die Felsformationen im oberen Talabschnitt wurden sogar mit Namen bedacht: da schnaubt das Nilpferd, stolziert die Sphinx am Wegesrand. Auf die Markierungen achtend, kommen wir zum »Gasthof im Wental«. Weiter geht's beim Parkplatz jenseits der Straße. Ein breiter Wanderweg entführt uns ins sagenhafte Reich des **Felsenmeers**, einem Spielplatz mit den vielfältigsten Figuren aus Stein. Wer über genügend Zeit verfügt, kann vor der Umkehr noch am Hexenloch und weiteren mächtigen Dolinentrichtern vorbei zum Gedenkkreuz an den ermordeten Bartholomäer Pfarrer, am Rastplatz »Bei den drei Sternen« spazieren, eine knappe halbe Stunde zusätzlich.

Bei der Sphinx im wildromantischen Wental.

21 Oberkochen – Volkmarsberg, 743 m – Tauchenweiler – Hubertusbrunnen – Schwarzer Kocherursprung

Über dem Urstromtal der Brenz

Talort: Oberkochen, im Tal des Schwarzen Kocher, zwischen den Städten Aalen und Heidenheim. Information: Verkehrsamt, 73447 Oberkochen, ✆ (07364) 270.
Ausgangspunkt: Bahnhof, 495 m.
Gehzeiten: Oberkochen – Volkmarsberg 1 Std., Volkmarsberg – Tauchenweiler 1¼ Std., Tauchenweiler – Hubertusbrunnen ¾ Std., Rückweg 1¼ Std.; Gesamtgehzeit 4¼ Std. (17 km).
Höhenunterschied: 250 m.
Anforderungen: Gut markierte Forst- und Wanderwege, mäßig steiler Aufstieg.
Einkehr: Volkmarsberg und Tauchenweiler.

Schotter und Sande deuten darauf hin, daß sich das Einzugsgebiet der Ur-Brenz vor der Riß-Eiszeit bis hinauf zur Jagst ausdehnte. Durch rückschreitende Erosion hat sich der Kocher zunehmend tiefer in die Albtafel eingesägt. Er hat der Brenz sozusagen im Laufe der Zeit das Wasser abgegraben.

Man spaziert in die Stadt hinein, wendet sich links und zweigt gleich wieder rechts auf die Dreißentalstraße ab. Der *rote Dreiblock* weist uns Richtung Volkmarsberg. Beim Gasthaus Muckenthaler nehmen wir die steile Straße links bergauf und kommen auf dem Fußweg an einem prachtvollen Berggarten vorbei. Ein Wanderpfad leitet uns durch lichten Buchenwald empor zum Gipfel des **Volkmarsbergs** (743 m) mit dem wenig in die Landschaft passenden Aussichtsturm und dem kleinem Restaurant des Schwäbischen-Alb-Vereins (eingemauerte Versteinerungen). Das Naturschutzgebiet zieren schöne Charakterbäume und Wacholderheide.

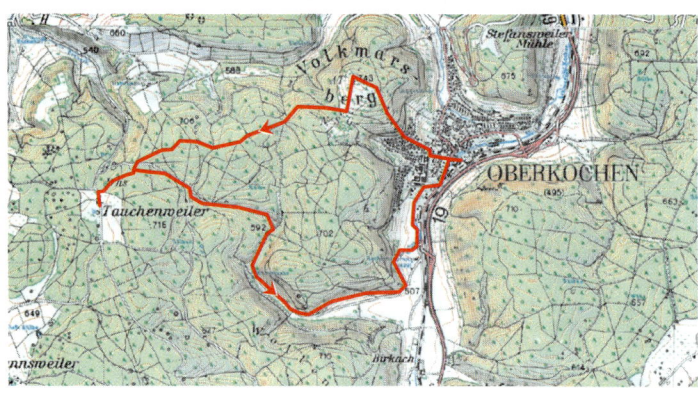

Am Hubertusbrunnen vorbei führt der Wanderkurs von den Höhen des Albuchs zurück ins Urstromtal der Brenz.

Der mit *rotem Dreieck* markierte, asphaltierte Wanderweg trägt uns kurz bergab. Anschließend folgen wir auf flachen Forst- und schmäleren Waldwegen stets der gewohnten Markierung nach **Tauchenweiler** (689 m). Nach der Ausflugsgaststätte auf der Wasserscheide Rhein/Donau wandern wir 500 m zurück und orientieren uns am *roten Dreiblock* Richtung Tiefental. Anfangs geht's auf einem Waldweg, später auf dem mit »Kocherursprung« bezeichneten Forststräßchen durchs einsame Hagental bergab zur **Hubertusquelle** mit dem reizvollen Teich.

Kurz nachdem im Tiefen Tal rechts das Forststräßchen einmündet, leitet der *rote Dreiblock* links auf einen Fußpfad, der stets auf gleicher Höhe durch den Wald schleicht. Bevor dieser Pfad in ein Teersträßchen mündet, dirigieren uns die Markierungen links in den Wald zurück und um den Bergsporn herum, hinunter zur Karstquelle des **Schwarzen Kochers**. Der neugeborene Fluß, an dem früher ein Eisenhüttenwerk stand, trug zuvor den Namen Roter Kocher. Er beeindruckt mit einer beachtlichen Schüttung. Ein geteerter Wirtschaftsweg trägt uns am Wasserlauf entlang, durch das reizvolle Wiesental zurück zum Bahnhof.

22 Deggingen – Oberbergfels, 752 m – Tierstein – Ruine Hiltenburg – Bad Ditzenbach

Traumhafte Höhenwanderung über dem Filstal

Talort: Deggingen, im Filstal, westlich von Geislingen. Information: Bürgermeisteramt, 73326 Deggingen, ✆ (07334) 780.
Ausgangspunkt: Kirche, 492 m.
Gehzeiten: Deggingen – Oberbergfels ¾ Std., Oberbergfels – Tierstein 1¼ Std., Tierstein – Ruine Hiltenburg ¾ Std., Rückweg 1 Std.; Gesamtgehzeit 3¾ Std. (13 km).
Höhenunterschied: 350 m.
Anforderungen: Überwiegend markierte Wanderpfade und Forstwege sowie asphaltierte Spazierwege, mäßig steile Anstiege.
Einkehr: In Bad Ditzenbach.

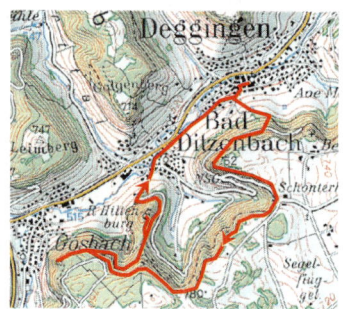

Dank der unermüdlichen Arbeit des Schwäbischen Albvereins braucht sich der Albwanderer kaum Orientierunssorgen zu machen.

Beim ersten Blick auf die Topographische Karte glaubt man, zwischen Wiesensteig und Geislingen den Albtrauf vor sich zu haben. Doch dieser verläuft ein gutes Stück weiter im Norden, etwa vom Aichelberg nach Gingen. Es ist das bis zu 250 m tiefe Tal der bei Wiesensteig entspringenden Fils, das sich hier in einem weiten Bogen in die Albtafel hineinbohrt und dem diese beachtlichen Mischwaldhänge angehören.

Gleich zu Anfang heißt es wegen der nicht ganz eindeutigen Routenführung genau aufpassen: die Hauptstraße nach Westen, am Dorfbrunnen die Bernecker Steige bergan, an der Abzweigung der Burgsteige auf der Pfadspur gerade hinauf über die Wiesen und den Ziehweg empor. Bald zweigt der mit »Tierstein« bezeichnete Pfad ab, wechselt kurzzeitig rechts in ein Forststräßchen und leitet mit *roter Raute* markiert durch den jungen

Tiefblick von der Ruine Hiltenburg aufs Filstal mit Gosbach.

Buchenwald hinauf zum kreuzgeschmückten Aussichtspunkt **Oberbergfels** (752 m) mit einem herrlichen Tiefblick auf das lange Filstal von Reichenbach bis Mühlhausen.

Der *rote Dreiblock* leitet uns nun hinüber zum Einödhof Schonterhöhe. Dort queren wir die Kreisstraße, spazieren kurz auf dem Sträßchen zum Wanderparkplatz und haben entlang der Schläfhalde eine vergnüglichen Höhenwanderung vor uns. Unterwegs bieten sich immer wieder herrliche Ausblicke an. Der Höhepunkt der Route ist jedoch eindeutig der Aussichtspunkt **Tierstein** (737 m) hoch über Gosbach, jenseits des Gosbächleins der Albaufstieg der A 8.

Wir wandern kurz zurück, bis die *rote Raute* auf den talwärts führenden Pfad nach Bad Ditzenbach weist. Wo unser Kurs in einen Forstweg mündet, wenden wir uns hinüber zur Hiltensburghütte und folgen weiterhin der gewohnten Markierung. An der Forstweggabelung wartet noch die lohnende Zugabe auf dem alten Ziehweg hinauf zur **Ruine Hiltenburg** auf dem Schloßberggipfel (717 m) auf uns. Nach dem schönen Einblick ins Harttal geht's zurück zur Forstweggabelung. Ganz kurz vorher wählen wir links den unmarkierten Pfad durch den Mischwald hinunter nach **Bad Ditzenbach** (509 m). Unten an der Filsbrücke nehmen wir beim Café Filsblick den asphaltierten Spazierweg flußabwärts, zurück nach **Deggingen**.

23 Deggingen – Ave Maria – Kilianskreuz, 736 m – Buschelkapelle, 746 m

Route der Andacht

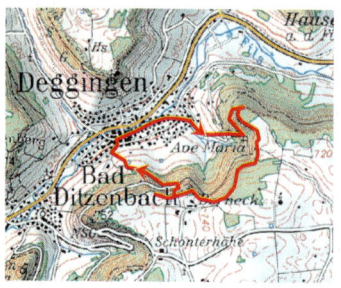

Talort: Deggingen, im Filstal, westlich von Geislingen. Information: Bürgermeisteramt, 73326 Deggingen, ✆ (07334) 780.
Ausgangspunkt: Kirche, 492 m.
Gehzeiten: Deggingen – Kilianskreuz 1 Std., Kilianskreuz – Buschelkapelle ½ Std., Rückweg ¾ Std.; Gesamtgehzeit 2¼ Std. (7 km).
Höhenunterschied: 270 m.
Anforderungen: Gut markierte Wanderpfade und Forstwege, bis Ave Maria Sträßchen, wenig steiler Aufstieg.
Einkehr: Wirtshaus Burgruine in Berneck.

Eine barocke Dorfkirche mit gotischem Turm, ein Kreuzweg, eine barocke Wallfahrtskirche mit Gnadenbild aus dem Jahre 1500, eine Mariengrotte, eine Kapelle, ein hölzernes Aussichtskreuz, abermals eine Kapelle. Wahrlich eine Route der Andacht, die jedoch auch mit irdischen Gelüsten aufwartet.
Wir nehmen die Hauptstraße nach Osten und halten uns an der Fils entlang, bis der Wegweiser »Ave Maria« zur Kirche hinauf zeigt. Der Kreuzweg trägt uns zu dem anmutig am Bergfuß gelegenen **Wallfahrtskirchlein**. Ein mit *roter Raute* bezeichneter, breiter Wanderweg leitet durch den Mischwald hinauf, an der Mariengrotte vorbei, zur Kapelle Alt-Ave-Maria. Dort geht's auf einem gemütlichen Wanderpfad empor zur Albhöhe und kurz dem *roten Dreiblock* folgend zum Aussichtspunkt **Kilianskreuz** (736 m) mit schönem Tiefblick auf Ave Maria und das Filstal. Am Steilabfall entlang schlendern wir über eine Kuppe hinüber zur **Buschelkapelle** (746 m) mit den alten Erdwällen der ehemaligen Burg. Direkt vor dem kleinen Gotteshäuschen führt der kurze Abstecher zum Wirtshaus Burgruine. Nach einem weiteren hervorragenden Tiefblick auf Deggingen wandern wir über eine Einsattelung noch ein Stück am Steilabfall entlang zur Wacholderheide an der **Schonterhöhe** (754 m). Der Aussichtspunkt zeigt uns ein typisches Landschaftsbild der nördlichen Kuppenalb. Jenseits des Filstals erhebt sich der wuchtige Kegelstumpf des Sommerbergs. Ein erstklassiges Plätzchen zum Verweilen.
Wir bummeln wieder zur Einsattelung und nehmen den mit *roter Raute* markierten, alten Ziehweg, den Berneckweg querend, talwärts zurück nach **Deggingen**. Vom Waldende beim Wasserbehälter folgt man einfach der Pfadspur geradewegs hinunter über die Wiesen.

Blick vom Aussichtspunkt Schonterhöhe auf Deggingen.

24 Kuchen – Gingen – Burren, 693 m – Tennen-berg, 724 m – Oberböhringer Heide

Wo man noch dem Wanderschäfer begegnet

Talort: Kuchen, im Filstal, nordwestlich von Geislingen. Information: Stadtinformation, 73312 Geislingen, ☎ (07331) 24360.
Ausgangspunkt: Bahnhaltepunkt, 430 m.
Gehzeiten: Kuchen – Gingen ¾ Std., Gingen – Burren 1¼ Std., Burren – Oberböhringer Heide ¾ Std., Rückweg 1¼ Std.; Gesamtgehzeit 4 Std. (15 km).
Höhenunterschied: 430 m.
Anforderungen: Meist gut markierte Wander- und Forstwege, anhaltender aber nur mäßig steiler Aufstieg.
Einkehr: In Gingen.

Eine trotz der nicht zu übersehenden Anstiegsmeter relativ gemütliche Unternehmung auf großzügigen Wanderwegen und einsamen Höhenpfaden.
Der erste Teil der Wanderung verläuft recht bequem. Wir gehen durch die Unterführung und nehmen, links am Friedhof vorbeispazierend, den Radweg durchs Filstal nach **Gingen** (384 m). Die Bahnhofstraße trägt uns über die Filsbrücke. Weiter geht's nach der Straßenkreuzung auf der Grünbergerstraße. Der Wegweiser »Fränkel« leitet uns am Barblenbach entlang leicht bergan. Von der Gabelung beim Teerende begeben wir uns auf den Nordrandweg Richtung Burren. Nochmals ein Stück asphaltiert, steigt der Weg spürbar am Waldrand hinauf.
Der nun schmälere Maierhauweg folgt immer dem *roten Dreieck*. Kurz vor der Einmündung in die Straße – vor uns der Waldschopf des Fränkel – nehmen wir den Ziehweg empor zur Nordschulter des **Burren** und wandern auf der Wiesenspur vollends hinauf zum Gipfel (693 m) mit der eindrucksvollen Rundschau. Hinunter zum Sattel (640 m) trägt uns ebenfalls eine Wiesenspur am Waldrand entlang. Unser steiniger, mit der *roten Raute* bezeichnete Kurs steigt nun rechts schräg bergan und verläuft in einem Bogen (an der Gabelung rechts halten) über die Buchenkuppe des **Tennenbergs** (724 m).
Man behält außerhalb des Waldes die Richtung bei und trifft jenseits der Wiesen auf einen Fahrweg, der bergab zum Parkplatz auf der **Oberböhringer Heide** führt. Ein Wiesenweg leitet uns links zum Steilabfall, wo wir links in den breiten Wanderweg einschwenken. Der Abstieg nach Kuchen wechselt weiter unten in ein Forststräßchen. Kurz darauf bietet sich der Abstecher zu den vorgeschichtlichen Erdwällen des Spitzbergs an. Der gemütliche Rückweg bleibt der Forstroute treu und verläuft zuletzt auf einem Teersträßchen bergab ins Dorf.

Ein Bild aus der guten alten Zeit: In der Oberböhringer Heide oberhalb Kuchen.

25 Bad Überkingen – Kahlenstein, 675 m – Türkheim – Brunnensteighöhle

Kurzweilige Runde über dem traditionsreichen Heilbad

Talort: Bad Überkingen, Heilbad im Filstal, westlich von Geislingen. Sehenswert: Kurpark mit Quellentempel und Wasserkaska-

de, Bad-Hotel aus dem 16. Jahrhundert, spätgotische St. Galluskirche. Information: Kurverwaltung, 73337 Bad Überkingen, ✆ (07331) 2009-10.

Ausgangspunkt: Bushaltestelle beim Bad-Hotel, 455 m.

Gehzeiten: Bad Überkingen – Kahlenstein ¾ Std., Kahlenstein – Türkheim ½ Std., Türkheim – Brunnensteighöhle 1 Std., Rückweg ¾ Std.; Gesamtgehzeit 3 Std. (12 km).

Höhenunterschied: 270 m.

Anforderungen: Meist ausreichend markierte Wanderpfade und Wirtschaftswege, steiler aber nur kurzer Anstieg.

Einkehr: In Türkheim und mit kleinem Abstecher in Aufhausen.

In der unter einem beeindruckenden Felsenriff versteckten, fast 1 km langen Brunnensteighöhle mit ihren 20 Siphos holten sich die Aufhausener vor der Albwasserversorgung ihr Trinkwasser. Unterhalb empfängt den Wanderer ein Kleebwald, eine Laubmischwald-Gesellschaft, die in ihrer seltenen Art nur im Frühjahr erkennbar ist.

Die Gartenstraße und der mit *roter Raute* bezeichnete Wittinger Weg leiten uns bergan Richtung Kahlenstein. Wir verlassen die Panoramastraße geradeaus auf dem Feldweg über die Obstwiesen und folgen dem anschließenden Wanderpfad. An der Gabelung halten wir uns weiter Richtung Kahlenstein und steigen über den Wacholderhang und durch lichten Buchenwald in Kehren empor zu einem prächtigen Felsenlabyrinth mit Aushöhlungen und Fenstern. An der ganzjährig verschlossenen Kahlensteinhöhle vorbei schwingen wir uns auf die Traufkante und erreichen den anregenden Aussichtspunkt auf der Felsennase des **Kahlensteins** (675 m) mit herrlichem Dorftiefblick.

Weiter geht's rechts auf dem mit *rotem Dreiblock* markierten Wirtschaftsweg. Dieser führt uns, zwischendurch als schmälerer Wanderweg, am Trauf entlang und am Hängegleiter-Startplatz vorbei, hinein in die alte Ortschaft **Türkheim** (677 m). Bei der Erläuterungstafel zum Türkheimer Brünnele nehmen wir die Hintere Gasse und folgen dem Wanderpfad Richtung Aufhausen durch ein Hausgrundstück. Nach einem kurzen Abschnitt auf einem Wirschaftsweg achten wir auf die Markierungen und gelangen auf einem schwachen Pfad weiter am Trauf entlang zu der einst von den Grafen von

Helfenstein erbauten Ruine Bühringen (701 m), von der außer ein paar Erd-wällen nicht mehr viel übrig ist. Doch der Tiefblick von der hohen Felsen-wand auf den Talkessel mit den Obstwiesen entschädigt für die kleine Enttäuschung.

Längs des Waldrands geht's zu einem weiteren Aussichtspunkt bei einem Jägerstand. Eine Grasspur, später wieder ein Waldpfad, beides recht spär-lich markiert, erfordern ein bißchen Spürsinn für den richtigen Weg. Auf der Höhe von Aufhausen bleiben wir im Wald und nehmen, wo der Feldweg von den Häusern heranführt, die mit *roter Raute* bezeichnete Route unter dem Felsenriff mit der **Brunnensteighöhle** hindurch und über Treppen und Stege am Autal-Wasserfall mit den Kalktuffbildungen steil talwärts. Nach dem Kleebwald geht's auf einem Wirtschaftssträßchen an einer Unterstandshütte und einer Kapelle vorbei zurück nach **Bad Überkingen**.

Wo sich Flußtäler in die Albtafel eingeschnitten haben, entstanden wilde Felsengärten.

26 Geislingen – Hohenstein, 702 m – Kuchalb

Über den Tegelberg in der Geislinger Alb

Talort: Geislingen an der Steige, Fünftälerstadt im Inneren der Schwäbischen Alb.
Sehenswert: Spätgotische Pfeilerbasilika, altes Rathaus mit Glockenspiel, Alter Zoll, Alter Bau mit Heimatmuseum, Forellenbrunnen.
Information: Stadtinformation, 73312 Geislingen, ℂ (07331) 24360.
Ausgangspunkt: Bahnhof Geislingen-West, 440 m.
Gehzeiten: Geislingen – Hohenstein 1¾ Std., Rückweg 2 Std.; Gesamtgehzeit 3¾ Std. (14 km).
Höhenunterschied: 300 m.
Anforderungen: Gut markierte Wanderpfade und Forstwege sowie Wirtschaftssträßchen, steiler Aufstieg.
Einkehr: In Kuchalb.

Hat man erst mal über die unzähligen Serpentinen die Albhöhe erreicht, ist kein weiteres Schweißvergießen mehr zu befürchten. Der vergnügliche Traufpfad über den Tegelberg eröffnet die prächtigsten Talblicke.

Los geht's auf dem Wirtschaftssträßchen Richtung Tegelberg. Bald biegt ein Wanderweg ab und klettert nach der Abzweigung Richtung Kuchen in einem endlosen Zickzackkurs durch den Buchenwald empor zur Traufkante. Am Aussichtsplatz Kuhfelsen und einem weiteren Aussichtspunkt vorbei zieht sich der reizvolle Waldpfad hinüber zum Eckpunkt **Hohenstein** (702 m) mit einer schönen Schau aufs Filstal. Etwas unterhalb des Traufs liegt kurz vorher die verschlossene Höhle Oberes Rabenloch mit künstlich angelegtem Eingang. Unweit davon befindet sich die enge Spaltenhöhle Unteres Rabenloch.

Auf einem Feldweg, später auf einem beschilderten Pfad, wandern wir zum Aussichtskreuz Maierhalde. Kurz darauf nimmt uns das Sträßchen hinein nach **Kuchalb** (680 m) auf. Wir halten uns rechts und wählen gleich hinter den Obstbäumen nach dem Ort links den Feldweg. Ein mit *roter Raute* markierter, anfangs ausgewaschener Pfad leitet uns am nur zeitweise fließenden Bach entlang durch den Laubmischwald talwärts. Bald nimmt uns ein breiterer Waldweg auf und führt uns durchs Längental hinaus zum Wirtschaftssträßchen am Campingplatz vorbei. Vor der Bahnunterführung halten wir uns an der Gabelung rechts und spazieren zurück zum Bahnhof.

Von Kuchalb lohnt sich der kurze Abstecher zur Ruine Scharfenberg.

27 Geislingen – Ruine Helfenstein – Ödenturm – Ziegelhütte – Geiselstein – Schildwacht

Aussichtspfade beiderseits der Geislinger Steige

Talort: Geislingen an der Steige, Fünftälerstadt im Inneren der Schwäbischen Alb. Sehenswert: Spätgotische Pfeilerbasilika, altes Rathaus mit Glockenspiel, Alter Zoll, Alter Bau mit Heimatmuseum, Forellenbrunnen. Information: Stadtinformation, 73312 Geislingen, ✆ (07331) 24360.
Ausgangspunkt: Hauptbahnhof, 463 m.
Gehzeiten: Geislingen – Ödenturm ¾ Std, Ödenturm – Ziegelhütte 1¼ Std., Ziegelhütte – Geiselstein 1½ Std., Rückweg 1 Std.; Gesamtgehzeit 4½ Std. (18 km).
Höhenunterschied: 330 m.
Anforderungen: Gut markierte Wander- und Forstwege, kurz auf Sträßchen, zwei kleine Anstiege.
Einkehr: Burgschenke Helfenstein, in Weiler und Ziegelhütte sowie Geiselsteinhaus.

Über einen vorbildlichen Waldlehrpfad und durch einen Gang gelangt der Wanderer zur Burgruine Helfenstein, einer riesigen Befestigungsanlage mit gut erhaltenem Zwinger (sechs Bastionen) und Zisterne. Anstelle des ehemaligen gräflichen Palais steht heute der Aussichtsturm mit prächtigem Stadttiefblick.

Wir folgen dem *roten Dreiblock* auf der Fußgängerbrücke über die Gleisanlage und spazieren das Sträßchen bergan. Bald leitet ein Wanderweg durch den Laubmischwald hinauf und mündet links in den Lehrpfad zur **Ruine Helfenstein** (620). Weiter geht's auf einem mit *rotem Dreiblock* bezeichneten Wanderweg nach Weiler und am Ortsbeginn auf dem Waldlehrpfad hinüber zum **Ödenturm** (620 m). Das Bauwerk mit seinen 2,5 m dicken Sockelmauern diente früher zum Schutz der Burg.

Nach dem reizvollen Tiefblick auf die Altstadt schlendern wir teils auf einem Pfad, teils auf Forstwegen, dem *gelben Dreieck* folgend, am Trauf entlang und am Aussichtspunkt Mühltalfels vorbei Richtung Amstetten. In **Ziegelhütte** (570 m) halten wir uns kurz vor der Einmündung unserer Route in die Vorfahrtsstraße an den Wegweiser »Geiselstein«. Man wandert über die Bahnbrücke und ein Stück auf dem Gehsteig neben der Bundesstraße her, bis am Beginn der Geislinger Steige das Sträßchen nach Türkheim abbiegt. Auf diesem spazieren wir hinauf zur Kurve, wo wir den mit *gelber Raute* markierten Wanderweg, der teilweise in Forstwege wechselt (stets auf dem

Unterwegs von Geislingen zum Ödenturm.

oberen Weg halten), durch den Buchenwald zum **Geiselstein** (640 m) nehmen. Unterwegs bieten sich von den Aussichtspunkten Tierhalde und Tiroler Fels schöne Tiefblicke aufs eng eingeschnittene Tal.

Richtung Geislingen/Steige geht's weiter am Trauf entlang, dem *gelben Dreieck* folgend, zum Ostlandkreuz auf der **Schildwacht** (666 m), den Toten Südmährens während beider Weltkriege gewidmet. Nach einem letzten informativen Stadt-Tiefblick geht's auf dem bezeichneten Wanderweg in weiten Kehren und unterhalb zwei Straßenkurven abkürzend zurück in die Stadt.

28 Geislingen – Anwandfels, 647 m – Himmelfels – Eybach – Weiler – Ruine Helfenstein

Über Eisenleitern in die Stubersheimer Alb

Talort: Geislingen an der Steige, Fünftälerstadt im Inneren der Schwäbischen Alb. Sehenswert: Spätgotische Pfeilerbasilika, altes Rathaus mit Glockenspiel, Alter Zoll, Alter Bau mit Heimatmuseum, Forellenbrunnen. Information: Stadtinformation, 73312 Geislingen, ✆ (07331) 24360.

Ausgangspunkt: Hauptbahnhof, 463 m.

Gehzeiten: Geislingen – Anwandfels 1 Std., Anwandfels – Eybach 1 Std., Eybach – Weiler 1¼ Std., Rückweg ½ Std.; Gesamtgehzeit 3¾ Std. (12 km).

Höhenunterschied: 400 m.

Anforderungen: Gut markierte Wanderpfade, kurze Abschnitte auf Straßen, zwei steile Anstiege.

Einkehr: In Eybach und Weiler sowie Burgschenke Helfenstein.

Von der ehemaligen Burg Helfenstein blieb eine stattliche Befestigungsanlage erhalten.

Der Aussichtsturm der Ruine Helfenstein.

Eine etwas anstrengende Unternehmung, die durch ihren Abwechslungsreichtum und die teilweise kühne Weganlage besticht.

Der Gehsteig entlang der Straße Richtung Heidenheim trägt uns stadtauswärts. Man beachtet vor der Eybbrücke den Wegweiser »Waldweg nach Eybach«, wandert unter der Bahnunterführung hindurch und vor der Wanderwegabzweigung auf dem Fußweg an der Bahnlinie entlang. Nach der Querung der Landstraße folgt man kurz der Straße Richtung Schnittlingen und müht sich in unzähligen sehr engen Kehren auf dem Wanderpfad, einen Waldweg und die Straße querend, durch den Laubmischwald empor zum Aussichtspunkt **Anwandfels** (647 m), die Stadt zu Füßen. Weiter geht's auf dem mit *roter Raute* markierten Wanderweg, später auf einem Waldweg, an der Traufkante entlang und an einer Ringwallanlage vorbei zum **Himmelfels** (609 m) mit schönem Tiefblick auf **Eybach**.

Auf dem Wanderweg hinunter ins Dorf (464 m) achte man auf die Markierungen. Wir spazieren zum Friedhof und folgen dem *roten Dreiblock* Richtung »Felsental – Geislingen«. Nach der Bachbrücke nimmt uns, den Wegweiser »Weiler« beachtend, am Parkplatz der Wanderweg durch das stille Felsental (NSG) auf. Steil aufgestellte Eisenleitern überlisten moosbewachsene Felsbäuche – ein abenteuerlicher Gang durch die moderig-düstere Unterwelt. Stets der Beschilderung »**Weiler**« folgend, steigen wir über den Waldhang hinauf und nehmen oberhalb den Wirtschaftsweg und zuletzt die Straße hinein ins hochgelegene Albdörfchen (660 m). Der *rote Dreiblock* leitet uns nun zur beeindruckenden **Ruine Helfenstein** mit Aussichtsturm (620 m), wo uns der Waldlehrpfad zurück in die Stadt aufnimmt.

29 Schnittlingen – Mordloch – Roggenmühlen – Steinenkirch

Wilde Talschlünde und sonnige Höhen

Talort: Schnittlingen, Ortsteil von Böhmenkirch, auf der Albhöhe, östlich von Donzdorf. Information: Bürgermeisteramt, 89558 Böhmenkirch, ✆ (07332) 5081.
Ausgangspunkt: Dorfbrunnen, 651 m.
Gehzeiten: Schnittlingen – Mordloch ¾ Std., Mordloch – Untere Roggenmühle ½ Std., Untere Roggenmühle – Steinenkirch 1¼ Std., Rückweg 1¼ Std.; Gesamtgehzeit 3¾ Std. (13 km).
Höhenunterschied: 280 m.
Anforderungen: Gut markierte Wander-, Forst- und Wirtschaftswege, kurze Abschnitte auf kaum befahrenen Sträßchen, mäßig steile Anstiege.
Einkehr: Obere Roggenmühle und in Steinenkirch.

Das 4320 m lange Mordloch im Roggental, einem der prachtvollsten Albtäler, ist mit seiner 70 m hohen Gammahalle die zweitlängste Höhle der Schwäbischen Alb. Das spaltartige Mundloch, an dem gut die Gesteinsschichtung erkennbar ist, wurde für die Wassernutzung künstlich erweitert. Der Name des leider nur von versierten Höhlentauchern zu befahrenden Schlundes stammt der Sage nach von der Ermordung des Eybacher Schloßforsters durch Wilderer.

Wir spazieren Richtung Roggental an der Kirche vorbei und orientieren uns am Wanderwegweiser »Eybach«. Außerhalb biegen wir auf ein Wirtschaftssträßchen ab und halten uns an der Gabelung rechts zum Waldeck. Der mit *roter Raute* bezeichnete, anfangs asphaltierte Waldweg wechselt im eng eingeschnittenen Tobel in einen Pfad, der hinunter ins Roggental führt. Ein Forststräßchen trägt uns talaus am **Mordloch** vorbei zur **Oberen Roggenmühle**. Zuletzt ganz kurz auf der Straße spazierend, kommen wir zur benachbarten **Unteren Roggenmühle** (495 m). Dort folgen wir der *roten Raute* auf einer Wiesenspur am Waldrand entlang ins Magental. Zwischen kecken Felstürmen hindurch schleicht ein steiniger und etwas glitschiger Pfad durch dieses verschwiegene, enge Seitental mit seiner ursprünglichen, wilden Ausstrahlung.

Am Ende des Tales geht's auf einem Feldweg dem *roten Dreiblock* nach, unter der Alpenvereinshütte der Sektion Brenztal vorbei, hinein nach **Steinenkirch** (671 m). Bei der Kirche nehmen wir das ebenfalls mit *rotem Drei-*

block markierte Sträßchen, halten uns an der Gabelung bei der einzelnen Linde links und spazieren hinunter zum Anwesen Ravenstein. Ein Wanderpfad leitet nun durch Laubwald an der gleichnamigen Burgstelle vorbei und mündet unterhalb in einen Forstweg. Wir queren im Roggental (550 m) die Kreisstraße, folgen dem Wanderpfad über die Eybbrücke und nehmen das Forststräßchen Richtung Treffelhausen, bis der Wanderweg abzweigt, bergan zurück nach **Schnittlingen**.

Der Herbst hält Einzug in den Albtälern.

Blaubeurer Alb und Hochsträß

Zwischen dem oberen Schmiechtal und der Ulmer Alb dehnt sich das überaus lohnenswerte Wandergebiet der Blaubeurer Alb aus. Die Ach und die Blau – beide Flüsse benützen das Urstromtal der Donau – trennen die Blaubeurer Alb vom Hochsträß, der zwischen Ehingen und Ulm die Ostalb nach Süden hin abschließt. Die Höhenunterschiede zwischen den Talsohlen und der Karsthochfläche liegen nur bei maximal 200 m. Dennoch weisen manche Anstiege, abgesehen vom sanft gewellten Südteil des Hochsträß und den ebenfalls gemütlichen Lutherischen Bergen westlich von Allmendingen, kräftige Steigungen auf.

Bis auf das nicht besonders abwechslungsreiche Donautal und das von der Industrie gezeichnete untere Schmiechtal bieten sich die meist recht einsamen Täler mit den beschaulichen Wanderwegen für erholsame Spaziergänge an. Besonders hervorzuheben ist das Blautal und das Lautertal nordöstlich von Blaustein mit der idyllischen Karstquelle. Zwei der berühmtesten Schauhöhlen finden sich in der Blaubeurer Alb: die Sontheimer Höhle und die Laichinger Tiefenhöhle mit ihren senkrechten Klüften. Aber auch eine Unmenge kleinerer Höhlen – in manchen kamen Funde von Mammutjägern zum Vorschein – sowie manche sehenswerten Ruinen verstecken sich in den reizvollen Mischwäldern dieses Gebietes. Bei Schmiechen lädt das Vogelschutzgebiet des ehemaligen Schmiechener Sees zu einem Ausflug.

Feuchtbiotop bei Weidach in der westlichen Ulmer Alb.

Das Blautal ist berühmt für seine exzellenten Kletterfelsen.

Rund um Blaubeuren und den anmutigen Umlaufberg drängen sich viele Höhepunkte landschaftlicher sowie kultureller Art auf engstem Raum. Die Hauptattraktion ist natürlich der Blautopf mit seiner kraftvollen Schüttung. Gleich nebenan stehen die alte Hammerschmiede und das Kloster. Ehrwürdige Fachwerkbauten und ein nicht alltägliches Museum gibt es in dem heimeligen Städtchen zu bestaunen. Blaubeuren ist alles andere als ein schnelles Ausflugsziel für einen Tag.

30 Justingen – Bärenhütte – Bärentalhöhle

Wandervergnügen über dem oberen Schmiechtal

Talort: Justingen, Ortsteil von Schelklingen, auf sonniger Albhöhe, westlich der Stadt. Information: Bürgermeisteramt, 89601 Schelklingen, ℂ (07394) 24820.

Ausgangspunkt: Bushaltestelle hinter der Kirche, 747 m.

Gehzeiten: Justingen – Bärentalhöhle 1¼ Std., Rückweg 1½ Std.; Gesamtgehzeit 2¾ Std. (10 km).

Höhenunterschied: 160 m.

Anforderungen: Ausreichend markierte Wirtschafts- und Forstwege, kurz auf wenig befahrener Straße, gemütliche Anstiege.

Einkehr: In Hütten.

Durch eine wildromantische, enge Felsenschlucht führt ein teils mit Steintreppen angelegter Wanderpfad zum spaltartigen Eingang der knapp 30 m langen Bärentalhöhle, auch Eulenloch genannt, unter dem Dach des Uhufelsens.

Wir nehmen rechts die Hüttener Straße und die Magolsheimer Straße, bevor uns der mit *rotem Balken* markierte Espachweg, der Hauptwanderweg 7, zum Sportplatz trägt. Weiter geht's auf einem Wirtschaftssträßchen und kurz darauf der *roten Raute* nach zur Schloßkapelle, wo wir uns an der Feldweggabelung rechts halten. An der Kreuzung orientieren wir uns am Wegweiser »Hütten« und folgen dort, wo der Weg rechts abknickt, der schlecht markierten Wegspur geradeaus. Zwischen Heckenreihen hindurch spazieren wir sanft bergab. Die Ruine Justingen bleibt links liegen.

Im Wald zeigt der Fuchswegweiser auf einen Wanderpfad, der uns am Hang entlang leitet. Bald nach einer Rastbank gelangt man auf einem Forstweg bergab zur **Bärenhütte**, einer Unterstandshütte. Der *rote Balken* dirigiert uns weiter talwärts Richtung Hütten. Wir achten auf die Abzweigung des Wanderpfades und treffen, kurz bevor unsere Route in die Straße mündet, bei der **Bärentalhöhle** ein. Unten in Hütten (585 m) folgen wir der Straße Richtung Schelklingen, bis am Ortsende der Wanderweg nach Talsteußlingen abbiegt. Diesen verlassen wir sogleich wieder Richtung Jägerblick, bergan durch den Mischwald. Wo der Kurs auf die Straße trifft, nehmen wir rechts das teils sanft ansteigende Forststräßchen am Jägerblick vorbei. Am Waldrand schlendern wir hinaus zur Straße von Hütten, auf der wir bald darauf wieder in **Justingen** eintrudeln.

An der Schloßkapelle vorbei leitet der Wanderweg von Justingen ins Bärental.

31 Allmendingen – Weites Tal – Käthere Kuche

Auf und ab in den Wäldern der Lutherischen Berge

Talort: Allmendingen, im Schmiechtal, zwischen Ehingen und Schelklingen. Information: Verkehrsamt, 89601 Schelklingen, ✆ (07394) 24820.
Ausgangspunkt: Bahnhof, 518 m.
Gehzeiten: Allmendingen – Käthere Kuche 2½ Std., Rückweg 1¾ Std.; Gesamtgehzeit 4¼ Std. (16 km).
Höhenunterschied: 330 m.
Anforderungen: Gut markierte Forstwege, mäßige Anstiege, etwas Orientierungssinn vorteilhaft.

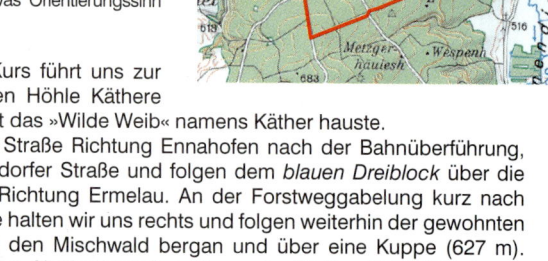

Dieser einsame Kurs führt uns zur versteckten kleinen Höhle Käthere Kuche, in der einst das »Wilde Weib« namens Käther hauste.

Wir verlassen die Straße Richtung Ennahofen nach der Bahnüberführung, nehmen die Kleindorfer Straße und folgen dem *blauen Dreiblock* über die Schmiechbrücke Richtung Ermelau. An der Forstweggabelung kurz nach der Minigolfanlage halten wir uns rechts und folgen weiterhin der gewohnten Markierung durch den Mischwald bergan und über eine Kuppe (627 m). Nach einem sanften Abstieg wenden wir uns im **Weiten Tal** (548 m) vom Waldrand rechts kurz weglos zum Forstweg. In diesen biegen wir links ein und wandern über zwei Wegkehren sanft bergwärts Richtung Ermelau.

Wir richten uns oberhalb auf dem Wirtschaftssträßchen (670 m) nach dem Wegweiser »Allmendingen über Lixe«, spazieren an der Gabelung 200 m nach dem Teerende auf einem Forstweg weiter talwärts und orientieren uns an der Wegkreuzung nach dem Brücklein im Weiten Tal (577 m) an der Beschilderung »Käthere Kuche«. Wo sich das Weite Tal gabelt – rechts lohnt sich der kurze Abstecher zum Rappenstein mit Höhle – geht's links ins Brieltal. Auf den rechten Talhängen breiten sich vom Wald bedrohte, schöne Wacholderbestände aus. Gleich darauf zweigt der kleine Pfadaufstieg zur Höhle **Käthere Kuche** ab, einem einsamen Brotzeitplätzchen.

Zurück an der Talverzweigung, schwingen wir uns auf dem mit alten Randsteinen gesicherten Natursträßchen bergan und zweigen auf der Kuppe des Osterholzes (677 m) an der markanten alten Eiche links ab. Der gemütliche Waldkurs trägt uns auf dem Kalkofensträßchen stets geradeaus ins Schmiechtal nach **Klein-Allmendingen** und zurück zum Bahnhof.

An einem Wacholderhang vorbei führt der Weg zur versteckten Käthere Kuche.

32 Schelklingen – Achursprung – Ruine Muschenwang, 710 m – Oberschelklingen – Ruine Hohenschelklingen, 622 m

Ausgedehnte Unternehmung im Süden der Blaubeurer Alb

Talort: Schelklingen, am Südostrand der Blaubeurer Alb, zwischen Ehingen und Blaubeuren. Sehenswert: Stadtmuseum, Herz-Jesu-Kapelle und Sankt-Afra-Kapelle. Information: Verkehrsamt, 89601 Schelklingen, ℂ (07394) 24820.

Ausgangspunkt: Bahnhof, 530 m.

Gehzeiten: Schelklingen – Achursprung ¾ Std., Achursprung – Ruine Muschen-

wang 2 Std., Ruine Muschenwang – Oberschelklingen 2 Std., Rückweg 1¼ Std.; Gesamtgehzeit 6 Std. (22 km).

Höhenunterschied: 420 m.

Anforderungen: Teilweise markierte Wander-, Forst- und Wirtschaftswege, kurze Abschnitte auf wenig befahrenen Sträßchen, bis auf einen Steilaufschwung gemütliche Anstiege.

Die Ur-Donau floß bis zur Riß-Eiszeit vom heutigen Ehingen in mehreren Schlingen über Allmendingen nach Schelklingen und weiter über Blaubeuren nach Ulm. Erst als diese im Laufe der Zeit ab Ehingen einen neuen Weg in östlicher Richtung eingeschlagen hatte, legte sich ihr ehemaliger Zufluß, die Schmiech, in entgegengesetzter Fließrichtung sozusagen ins gemachte Bett.

Man quert die B 492 und folgt nach der Kirche links der Straße nach Urspring (540 m). Weiter geht's durchs Schulgelände des ehemaligen Benediktiner-Klosters und auf einem geteerten Wirtschaftsweg an den beiden Karstquellen von Urspring und **Ach** vorbei, um den Herz-Jesu-Berg, den Ur-Donau-Umlaufberg herum. Wo die Ruine Hohenschelklingen wieder ins Blickfeld rückt, biegen wir rechts auf den Forstweg ab und wandern an der Kreuzung abermals rechts gemütlich durch den Buchenmischwald bergan zur Schäfers Hütte. Vom Rastplatz an der großen Wegverzweigung auf der Anhöhe (690 m) nehmen wir links den unmarkierten Forstweg hinunter ins Sindeltal.

Schelklingen mit dem Umlaufberg der Ur-Donau.

Bei der Einmündung in die Straße (560 m) mühen wir uns vom Parkplatz die Kehren hinauf zu den Überresten der **Ruine Muschenwang** (710 m), wo wir vom einladenden Rastplatz einen schönen Tiefblick zum ehemaligen Schmiecher See genießen.

An der Weggabel nach 300 m geht's links und dem Schild »Justingen« folgend stets geradeaus zur Straßenquerung. Am Eck des Hauserholzes wandern wir wiederum geradeaus, tauchen an der Gabelung nach 200 m im Wald unter und halten uns gleich wieder links. An der Verzweigung am Waldende wendet man sich rechts und spaziert stets der Nase nach auf einem Wirtschaftssträßchen übers Agrarland zum stattlichen Anwesen **Oberschelklingen** (710 m).

Das Sträßchen biegt rechts ab und trägt uns hinunter ins bewaldete Längental, wo wir bald rechts dem markierten Wanderweg durchs Mutental Richtung Ruine Hohenschelklingen folgen. Dieser steigt steil bergan zu einem Wiesenfleck und verschwindet gleich wieder im Wald. Besonders am höchsten Punkt (690 m) ist auf das *rote Dreieck* zu achten. Es leitet rechts auf einem Pfad zu einem parallel verlaufenden Waldweg. Dieser führt reizvoll auf Natursteintreppen über den Gebüschhang bergab zur **Ruine Hohenschelklingen** (622 m) mit dem stattlichen Turm. Nach einem aussichtsreichen Abstieg treffen wir wieder im Städtchen ein.

33 Schmiechen – Schmiechener See – Allmendingen – Geisttal

Erholungswandern um einen Umlaufberg der Ur-Donau

Talort: Schmiechen, Stadtteil von Schelklingen, am Südostrand der Blaubeurer Alb, zwischen Ehingen und Blaubeuren. Information: Verkehrsamt, 89601 Schelklingen, ✆ (07394) 24820.

Ausgangspunkt: Bahnhaltestelle, 540 m.

Gehzeiten: Schmiechen – Allmendingen 1½ Std., Allmendingen – Geisttal ¾ Std., Rückweg 1¼ Std.; Gesamtgehzeit 3½ Std. (14 km).

Höhenunterschied: 210 m.

Anforderungen: Meist unmarkierte Wirtschafts- und Forstwege, von Allmendingen ins Geisttal wenig befahrene Straße, mäßig steiler Aufstieg.

Einkehr: In Allmendingen.

Im Zentrum unserer gemütlichen Runde liegt der Steinsberg, um den einst die wilden Wasser der Ur-Donau spülten, vor und nachdem sie den ursprünglich umflossenen Meisenberg vom Steinsberg abgetrennt hatten. In Schmiechen bog der voreiszeitliche Urstrom um und legte im Gebiet des heutigen Schmiechener Sees abermals eine Schlinge hinauf nach Schelklingen. Später wurde der Schelklinger Berg von der Großen Halde abgetrennt und die Ur-Donau nahm den begradigten Kurs entsprechend der heutigen B 492.

Wir queren die B 492, nehmen das zweite Sträßchen links am Sportplatz und Umspannwerk vorbei und biegen auf den Rundweg ab, der um den ehemaligen **Schmiechener See** herumführt. Das nahezu vollständig verlandete Gewässer mit dichtem Steifseggen-Bewuchs ist Brutgebiet von etwa 80 verschiedenen Vogelarten. Nach der Ruhebank biegen wir am Wacholderhang des von Maschinen enthaupteten Kühbergs links in das Wirtschaftssträßchen ein. Bald zweigt links ein Feldweg ab, der auf das Fabrikgelände zuleitet. Wir spazieren unter der Hochspannungsleitung hindurch geradeaus und biegen am Werksgelände rechts in das talwärts führende Teersträßchen ein.

Nach der Bundesstraßenquerung geht's in **Allmendingen** (518 m) links über das Bahngleis und auf der Straße Richtung Ennahofen – Grötzingen durchs ehemalige Allmendinger Ried. 200 m nach der Straßenquerung am Eingang des Grießtals nehmen wir den Feldweg links durch die Talsohle. Bald darauf hat uns der alte Waldweg hinauf durchs **Geisttal** aufgenommen. Bei der

Schmiechen an der Schmiech.

Eichhauhütte queren wir einen Forstweg und folgen an der nächsten Forstwegkreuzung dem *blauen Dreiblock*, zurück nach Schmiechen. Der stille Kurs leitet uns über eine Kuppe und durch den jungen Buchenwald bergab, wobei wir die Abzweigung des Wanderweges hinunter ins Dorf nicht versäumen sollten.

34 Blaubeuren – Weiler – Tiefental – Sontheimer Höhle – Seißen – Ruine Günzelburg

Auf gepflegten Wanderwegen mitten durch die Blaubeurer Alb

Talort: Blaubeuren, einladendes Städtchen am Ostrand der Blaubeurer Alb. Sehenswert: Blautopf, Kloster, Urgeschichtliches Museum, Heimatmuseum, Fachwerkbauten »Kleines Großes Haus« und »Altes Oberamt«. Information: Fremdenverkehrsstelle, 89143 Blaubeuren, ✆ (07344) 130.
Ausgangspunkt: Bahnhof, 513 m.
Gehzeiten: Blaubeuren – Sontheimer Höhle

3¼ Std., Sontheimer Höhle – Seißen 1½ Std., Rückweg 1¼ Std.; Gesamtgehzeit 6 Std. (24 km).
Höhenunterschied: 230 m.
Anforderungen: Gut markierte Forst-, Wirtschafts- und Wanderwege, kurz auf wenig befahrenen Sträßchen, sanfter Anstieg.
Einkehr: An der Sontheimer Höhle und in Seißen.

Die 220 m lange und 37 m tiefe Sontheimer Höhle, eine einstmalige Flußhöhle und frühalemannischer Bestattungsplatz, ist heute eine rege besuchte Schauhöhle und erfreut den Besucher mit herrlichen Tropfsteinbildungen und prächtigem Sinterschmuck in mehreren Hallen.
Los geht's auf der Straße Richtung Ehingen. Der Wegweiser »Sontheimer Höhle« leitet uns über die Straßenbrücke. Auf dem Wanderpfad Richtung Tiefental spazieren wir zurück ins Achtal und begeben uns in Weiler (532 m) auf den mit *rotem Dreiblock* bezeichneten Radweg ins **Tiefental**. Man bleibt auf der ausgedehnten und erholsamen Waldwanderung, vorbei am Bannwald des Naturschutzgebietes Rabensteig, stets auf dem Forstweg in der engen Talsohle, bis kurz vor dem Talschluß ein Pfad empor zur **Sontheimer Höhle** (715 m) leitet.

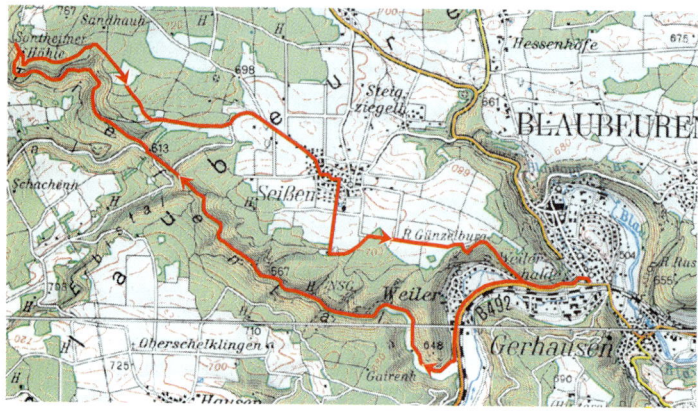

Die »Küssende Sau« unterhalb der Ruine Günzelburg.

Anschließend trägt uns rechts ein Fahrweg am Hang entlang und an der Hinteren Kohlhaldehöhle vorbei. Bald nimmt uns ein mit *gelbem Dreiblock* markierter Wanderweg auf und führt uns durch Wald und über Lichtungen, zuletzt in ein Teersträßchen wechselnd, nach **Seißen** (706 m). Die Hülbe in dem heimeligen Dorfkern wurde mittels einer Folie vom Austrocknen bewahrt. Nebenan steht ein Ziehbrunnen aus dem Jahre 1609.

Rechts die Beschilderung »Tiefental« beachtend, geht's nun über die Pfahläcker zu den Sportanlagen. Man folgt links noch kurz dem *gelben Dreiblock* und nimmt dann die mit *rotem Dreieck* markierte Wiesenspur am Waldrand entlang. Auf einem Wirtschaftsweg überqueren wir daraufhin die Äcker, bevor wir bei der Hülbe den Pfad vorbei an der **Ruine Günzelburg** nehmen. Das *rote Dreieck* leitet uns nun durch den Wald hinunter zum Felsenlabyrinth mit dem Naturfenster Küssende Sau, in dem sich ein paar kleine Höhlen befinden. Auch im Bereich des letzten Wegabschnittes zurück zum Bahnhof bietet sich ein Abstecher zu zwei Höhlen an, zur Brillenhöhle, auch Zwickerhöhle genannt, und zur Runden Grotte.

35 Blaubeuren – Ruine Gleißenburg – Beiningen – Gerhausen

Im wenig bekannten Hochsträß

Talort: Blaubeuren, Erholungsort und einladendes Städtchen, am Ostrand der Blaubeurer Alb. Sehenswert: Blautopf, Kloster, Urgeschichtliches Museum, Heimatmuseum, Fachwerkbauten »Kleines Großes Haus« und »Altes Oberamt«. Information: Fremdenverkehrsstelle, 89143 Blaubeuren, ✆ (07344) 130.
Ausgangspunkt: Bahnhof, 513 m.
Gehzeiten: Blaubeuren – Ruine Gleißenburg 1½ Std., Ruine Gleißenburg – Beiningen ½ Std., Rückweg 1 Std.; Gesamtgehzeit 3 Std. (11 km).
Höhenunterschied: 200 m.
Anforderungen: Meist gut markierte Wander- und Forstwege, kurze Straßenabschnitte, leichter Aufstieg, ein bißchen Orientierungssinn erforderlich.
Einkehr: Waldwirtschaft Schillerstein und in Beiningen.

Zwischen Ehingen und Ulm, Blaubeuren und der Donau erstrecken sich die einsamen Höhen des Hochsträß. Eine überwiegend harmonische Hügellandschaft für leichte Erholungstouren.
Wir spazieren vom Blaubeurer Bahnhof kurz auf dem Gehsteig Richtung Ulm und zweigen nach der Bahnbrücke auf das Natursträßchen ab. Dieses wechselt im weiteren Verlauf in einen mit *rotem Dreiblock* markierten Wanderweg, der durch schönen Mischwald hinauf zur Waldwirtschaft Schillerstein auf der Albhöhe führt. Auf einem Forstweg halten wir uns Richtung Sotzenhausen weiter der gewohnten Markierung nach und nehmen nach der Lichtung den Waldpfad, der Beschilderung »Gleißenburg« folgend. Bald geht's wieder auf einem Forstweg weiter, bis vor dem einzelnen Anwesen »Vordere Gleißenburg« der *rote Dreiblock* rechts auf einen schmäleren, talwärts führenden Waldweg zeigt.
Wir wandern auf einer Pfadspur am Ackerrand entlang und am Wegkreuz beim Jägerstand rechts wieder auf einem Forstweg bergab. Zuletzt gilt es, die Abzweigung der schwachen Pfadspur zur **Ruine Gleißenburg** auf einer Waldkuppe nicht zu versäumen. Außer Erdwällen gibt es zwar nichts besonderes zu sehen, dennoch ist es ein nettes, verstecktes Plätzchen auf geschichtsträchtigem Boden.

Über dem Blautal thront auf einem bizarren Felsenschiff die Ruine Rusenschloß.

Zurück am Wegkreuz beim Jägerstand, nehmen wir rechts das Wirtschaftssträßchen über die Äcker nach **Beiningen** (676 m). In der Dorfmitte folgen wir der Hochstraße bergan und genießen vom Spielplatz auf der Höhe eine weite Aussicht. Der Talkurs erfolgt anfangs noch auf dem Sträßchen, später auf dem mit *rotem Dreieck* markierten Feldweg und in der Kurve auf einem Wanderweg unter zwei Brücken hindurch nach **Gerhausen** (505 m). Die Straße »Unter dem Schillerstein« trägt uns zum Ortsende, wo wir den Gehsteig parallel zur Bundesstraße zurück nach **Blaubeuren** nehmen.

36 Blaubeuren – Ruine Rusenschloß, 630 m – Sonderbuch – Blautopf

Auf steilen Pfaden zum Blautopf

Talort: Blaubeuren, Erholungsort und einladendes Städtchen, am Ostrand der Blaubeurer Alb. Sehenswert: Kloster, Urge-

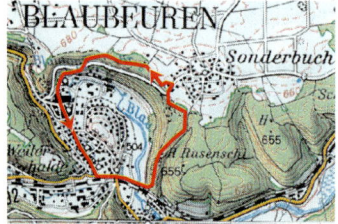

schichtliches Museum, Heimatmuseum, Fachwerkbauten »Kleines Großes Haus« und »Altes Oberamt«. Information: Fremdenverkehrsstelle, 89143 Blaubeuren, ℂ (07344) 130.

Ausgangspunkt: Bahnhof, 513 m.

Gehzeiten: Blaubeuren – Ruine Rusenschloß ¾ Std., Ruine Rusenschloß – Blautopf 1 Std., Rückweg ½ Std.; Gesamtgehzeit 2¼ Std. (7 km).

Höhenunterschied: 190 m.

Anforderungen: Markierte Wanderwege, Rückweg auf Stadtstraßen, steiler Aufstieg.

Einkehr: In Sonderbuch und Blaubeuren.

Kaum eine Ecke der Alb ist vielgestaltiger und reicher an Höhlen und Burgen, kaum ein anderes Tal zeugt von einer solch wechselvollen Flußgeschichte wie das junge Blautal. Von der hochthronenden Ruine Rusenschloß präsentiert sich Blaubeuren, das »Städtle« an der Blauquelle, besonders eindrucksvoll.

Wir spazieren vom Blaubeurer Bahnhof kurz auf dem Gehsteig Richtung Ulm und folgen dem Fußweg mit der Bezeichnung »Arnegg – Herrlingen«. Vor der Bahnbrücke, nahe der Ruine Ruck, halten wir nach dem kurzen Abstieg an einem Bächlein entlang direkt auf das bizarre Felsriff mit der Ruine Rusenschloß zu. Der Fußgängersteg trägt uns über die träge fließende Blau. Bei der Bahnunterführung weist uns die Beschilderung »Rusenschloß« auf den anfangs mit *rotem Dreiblock*, gleich darauf mit *roter Raute* markierten Wanderpfad steil bergan durch das Kiefernwäldchen. Noch vor dem Erreichen der **Ruine Rusenschloß** empfiehlt sich der kurze Abstecher zur Kleinen Grotte, einer Durchgangshöhle mit beachtlichem Portal und einem Spalt. In den Felsen unter der Ruine findet sich, nicht ganz leicht zugänglich, auch noch die Große Grotte oder Große Rusenschloßhöhle.

Die *rote Raute* leitet uns noch ein Stück bergan, bis unser Kurs, dem Wegweiser »Segelflugplatz« folgend, in den mit *rotem Dreiblock* markierten Wanderweg mündet. Nach einem letzten Aufschwung haben wir das Soldatendenkmal erreicht. Nochmals öffnen sich lohnende Tiefblicke auf Blaubeuren und das Urstromtal der Donau. Am Ortsschild von **Sonderbuch** halten wir uns rechts und schwenken gleich wieder links ab auf das Sträßchen hinein zum Segelflugplatz. An der Flughalle folgen wir dem weiterhin mit *rotem Dreiblock* ausgewiesenen Weg Richtung Blautopf geradeaus. Auf dem Spielplatz mit der Grillstelle und Hütte bietet sich abermals eine kleine Rast an, bevor uns der reizvolle Wanderweg über den steilen Waldhang hinunter und die Straße querend zum berühmten **Blautopf**, dem größten Quelltopf der Alb führt.

Hinter dem 21 m tiefen Quelltopf versteckt liegt die nur von Höhlentauchern zu befahrende mächtige Blautopfhöhle, aus welcher der herrlich blaue Wasserstrudel hervorquillt. Wer mag, kann noch das Innere der alten Hammerschmiede mit dem lustig plätschernden Wasserrad bestaunen, bevor er voller neuer Eindrücke auf der lebendigen Geschäftsstraße zurück zum Bahnhof spaziert.

Das plätschernde Wasserrad der rekonstruierten Hammerschmiede am Blautopf.

37 Herrlingen – Arnegg – Blautalried – Burg Neidegg

Liebenswertes Blautal

Talort: Herrlingen, Ortsteil von Blaustein nordwestlich von Ulm. Sehenswert: Lindenhof, Rommel-Archiv, Schloß Oberherrlingen mit Kapellen. Information: Bürgermeisteramt, 89134 Blaustein, ℓ (07304) 802-0.
Ausgangspunkt: Bahnhof, 495 m.
Gehzeiten: Herrlingen – Materialseilbahn b. Gerhausen 1¾ Std., Materialseilbahn –

Burg Neidegg 1¼ Std., Rückweg 1 Std.; Gesamtgehzeit 4 Std. (16 km).
Höhenunterschied: 150 m.
Anforderungen: Blautal-Radwanderweg, lückenhaft markierte Forstwege und Wanderpfade, sanfter Anstieg, etwas Orientierungssinn vorteilhaft.
Einkehr: In Arnegg.

Die behäbig durch das Riedgebiet strömende Blau begleitet die vergnügliche Wanderung zwischen Blaubeurer Alb und Hochsträß. Beiderseits der einst von der Ur-Donau durchflossenen Talaue spitzen immer wieder kecke Felsstotzen aus den Mischwaldhängen. Schmerzlich heben sich dagegen die himmelschreienden Wunden der Zementmergel- und Kalkstein-Abbaugebiete ab.

Auf dem Fußgängerüberweg am Parkplatzende spazieren wir über die Gleise und die Blau und rechts auf dem Radweg ins flache Blauteil hinein. Nun durch **Arnegg** (505 m) hindurch und ein Stück danach ist die Route geteert. Wo die Materialseilbahn den Radweg quert, steigen wir links auf dem mit *rotem Dreiblock* markierten Forstweg bergwärts. Kurzzeitig nehmen wir mit einem schmäleren Waldweg vorlieb, bevor uns auf der Kuppe (648 m) erneut eine gepflegte Forstbahn aufnimmt.

Stets der gewohnten Markierung folgend, geht's bei einem Bienenhäuschen auf einem Wiesenpfad weiter, der in ein Wirtschaftssträßchen mündet. Gleich darauf führt die Route als spärlich markierter Wanderweg etwas innerhalb

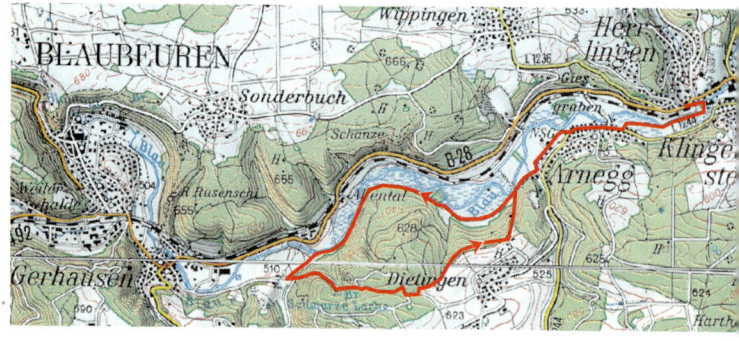

am Waldrand entlang. Vom Wegende halten wir uns kurz auf einer Wiesenspur am Ackerrand entlang hinauf zu einer Kuppe und wandern auf dem geteerten Wirtschaftsweg talwärts.

Im weiteren Verlauf kommen wir auf einem Waldweg geradeaus an der ehemaligen **Burg Neidegg** vorbei, von der noch ein paar Mauerreste zu sehen sind, bevor wir unten im Blautal in den bekannten Kurs, zurück nach **Herrlingen** einschwenken.

Fischzuchtanlage im Blautal.

38 Bühlenhausen – Lautertal – Hübscher Stein

Trockental-Bummeltour in der nördlichen Blaubeurer Alb

Talort: Bühlenhausen, auf der Albhöhe, südöstlich von Laichingen. Information: Fremdenverkehrsstelle, 89143 Blaubeuren, ℂ (07344) 130.
Ausgangspunkt: Kirche, 664 m.
Gehzeiten: Bühlenhausen – Lautertal

1 Std., Lautertal – Hübscher Stein 1¼ Std., Rückweg 1½ Std.; Gesamtgehzeit 3¾ Std. (15 km).
Höhenunterschied: 130 m.
Anforderungen: Gut markierte Forst- und Wirtschaftswege, sanfter Anstieg.

Ob der Hübsche Stein seinen Namen zu Recht trägt, darüber läßt sich streiten. Der unter einer ausladenden Veteranenlinde im hintersten Lautertal schlummernde Grenzstein »Ulm – Helfenstein – Württemberg« verdeutlicht dem aufmerksamen Wanderer die mittelalterlichen Hoheitsansprüche.

Die Hauptstraße trägt uns am Dorfweiher vorbei. Anschließend nehmen wir links die Daunerstraße. Das *gelbe Dreieck* leitet uns, den Wegweiser »Tobelhalde – Herrlingen« beachtend, anfangs auf einem Wirtschaftssträßchen, außerhalb auf einem Forstweg an vereinzelten Felsstotzen vorbei, durch ein Trockental hinunter ins obere **Lautertal** (552 m).

Am Wegkreuz kurz vor der Straßenunterführung weist uns die *gelbe Raute* auf einen sanft ansteigenden Forstweg, weiter einwärts in das stille, ebenfalls trockenliegende Tal. Wir halten uns stets im Haupttal und kommen nach einer Straßenquerung zum **Hübschen Stein**.

Dort folgen wir weiterhin der *gelben Raute* und orientieren uns später am *gelben Dreieck*, die Beschilderung »Blaubeuren – Bühlenhausen« beachtend. Immer geradeaus, zuletzt auf einem Wirtschaftssträßchen, treffen wir über die Äcker wieder im Ausgangsort ein.

Frühlingseinzug in der Blaubeurer Alb.

39 Herrlingen – Weidach – Kiesental – Lauterursprung

Ulmer Alb und Lautertal

Talort: Herrlingen, Ortsteil von Blaustein, im Lautertal, nordwestlich von Ulm. Sehenswert: Lindenhof, Rommel-Archiv, Schloß Oberherrlingen mit Kapellen. Information: Bürgermeisteramt, 89134 Blaustein, ✆ (07304) 802-0.

Ausgangspunkt: Bahnhof, 495 m.

Gehzeiten: Herrlingen – Weidach 1¼ Std., Weidach – Lauterursprung 2 Std., Rückweg 1¼ Std.; Gesamtgehzeit 4½ Std. (18 km).

Höhenunterschied: 200 m.

Anforderungen: Ausreichend markierte Wander-, Forst- und Wirtschaftswege, leichte Anstiege und ein steiler Abstieg.

Einkehr: In Weidach und mit kurzem Abstecher in der Weidacher Hütte.

Der mit den ausgedehnten, sanft gewölbten Ackerhöhen eher gemäßigte Landschaftscharakter der Ulmer Alb überrascht in seinem wilden Westen durch tiefe Taleinschnitte. Der felsige Steig zum kraftvollen Lauterursprung sorgt für eine gewisse Würze.

Wir verlassen die Straße Richtung Ulm, der Beschilderung »Bermaringen« folgend, und beachten den Wanderwegweiser »Weidach«. Er dirigiert uns über Stufen auf einen reizvollen, mit *roter Raute* markierten Wanderpfad, der sich in wenigen Minuten empor zu einem Funkmast mit Tiefblick auf Herrlingen und zum Steinbruch schlängelt. Unsere nun flach verlaufende Route wechselt erst in einen Feldweg, später in einen Forstweg. Am Sportplatz geht's hinaus zum Sträßchen und an einem Feuchtbiotop vorbei nach **Weidach** (606 m).

Vom Straßendreieck in der Ortsmitte hinunter zu einer Scheune spazierend, trifft man wieder auf den offiziellen Wanderkurs. Eine mit *roter Raute* bezeichnete Wiesenspur leitet links am Hang entlang und bei einem Markierungsposten kurz bergab zu einem Felswändchen. Dort trägt uns ein Waldpfad vollends hinunter ins **Kiesental** (553 m). Wir nehmen links den Forstweg, wandern gemütlich bergan und schwenken in die Teerstraße Richtung Lautern ein.

In der Kurve geht's geradeaus wieder auf einen Forstweg und an der folgenden Weggabel links bergan durch den Läuberhau. Kurz vor der Blumenhau-

Schutzhütte (637 m) folgen wir links einem Feldweg und treffen nach der Straßenquerung in Hohenstein (632 m) ein.

Geradeaus zum Biolandhof spazierend, weist uns der *rote Dreiblock* auf das überraschend steile und felsdurchsetzte Steiglein talwärts nach Lautern (522 m), einer idyllischen, abgeschiedenen Häuseransammlung am **Lauterursprung**.

Wir nehmen links das Sträßchen, beachten außerhalb des Ortes den Wegweiser »Wippingen« und schlendern nach dem einzelnen Anwesen auf dem Spazierweg durch das verträumte Wiesental der Lauter zurück nach **Herrlingen**.

Am Lauterursprung bei Blaustein.

Heidenheimer Alb und Härtsfeld

Die östlich an die Blaubeurer Alb anschließende Ulmer Alb bietet hauptsächlich in ihrem bewegten Westteil zum Lautertal hin empfehlenswerte Wanderwege. Auch die Niedere Alb nördlich davon gilt nicht gerade als rühmenswertes Wandergebiet. Zwischen diesen beiden etwas monotonen Landstrichen allerdings zieht das Lonetal, das südwestlich der Heidenheimer Alb ins Tal der Hürbe und kurz darauf ins Brenztal mündet, die Aufmerksamkeit des leidenschaftlichen Albwanderers auf sich. Hier haben wir ein geheimnisvolles Flüßchen vor uns, dem das gleiche Schicksal beschieden ist wie der jungen Donau. Der durchlässige Karstboden entzieht der ohnehin nicht besonders kräftigen Lone den Lebenssaft und leitet ihr Wasser der Nau zu. An machen Stellen liegt die kränkelnde Wasserader zeitweise völlig trocken. Verspielte Talschlingen, einsam daliegende Wiesenauen und verschwiegene Burgplätze verleihen dem Lonetal eine eigenwillige Ausstrahlung. Hinzu kommen einige Höhlen, von denen besonders die Charlottenhöhle bei Hürben, längste Schauhöhle der Schwäbischen Alb, die Besucher anlockt.

Am Ostrand der Heidenheimer Alb kommt allmählich wieder mehr Leben in die Landschaft. Die gestaltungsreiche Brenzschleife bietet viele Wanderziele: Ruinen, Höhlen, Wacholderheiden, Felsszenerien, Schanzen und keltische Wälle. Östlich des Urstromtals der Brenz läuft der lange Mittelgebirgszug der Schwäbischen Alb im sanftgewellten Hügelland des Härtsfeldes allmählich aus. Sowohl der Trauf im Norden wie die Klifflinie im Süden verlieren an Deutlichkeit. In den Wäldern, die früher für die Bohnerzverhüttung herhalten mußten, herrscht ausnahmsweise die Fichte vor.

Das Härtsfeld bietet eine große Auswahl vergnüglicher Bummeltouren zu kleinen Höhlen, vorgeschichtlichen Befestigungsanlagen und Gräbern sowie ehemaligen Erzgruben. Beliebte Ausflugsziele sind beispielsweise der Weiße Kocherursprung bei Unterkochen, die Egerquelle bei Bopfingen, das berühmte Kloster Neresheim und Schloß Taxis. Im Nordosteck der Alb findet sich nochmals ein spektakulärer Höhepunkt. Ein gewaltiger Meteoriteinschlag hat den beeindruckenden Rieskrater mit einem Durchmesser von 20 km geschaffen. Die Anstiege im Härtsfeld sind meist recht gemütlicher Art. Aus dem Donautal und am bayerischen Ostrand der Alb bereiten die kleinen Aufschwünge längst keine Schweißausbrüche mehr.

Nattheim im Süden des Härtsfeldes.

40 Breitingen – Schönrain – Salzbühlhöhle

Nachdenklicher Spaziergang entlang der merkwürdigen Lone

Talort: Breitingen, im oberen Lonetal, westlich Langenau. Information: Gemeindeverwaltung, 89182 Bernstadt, ☎ (07348) 6024.
Ausgangspunkt: Bushaltestelle Ortsmitte, 530 m.
Gehzeiten: Breitingen – Salzbühlhöhle 1 Std., Rückweg 1 Std.; Gesamtgehzeit 2 Std. (9 km).
Höhenunterschied: Unwesentlich.
Anforderungen: Ausreichend markierte, flache Wirtschaftswege.

Auf dem Dach unseres Wanderzieles, der Salzbühlhöhle, thronte in grauer Vorzeit eine Burg. Als Besitzer werden die Herren von Bernstadt genannt. Entdeckt hat das verfallene Gemäuer der Oberförster L. Bürger aus Langenau im Jahre 1890. Die Tierknochenfunde aus dem Höhlengewölbe sind bedauerlicherweise allesamt verschwunden.

Der gemütliche Talausflug beginnt auf der Straße Richtung Neenstetten. Am Ortsende folgen wir dem Sträßchen unter einem schönen Wacholderhang hindurch nach **Schönrain**. Hier verengt sich das von Waldhängen gesäumte Tal. Wir spazieren durch das Anwesen und lassen uns von dem mit *gelbem Dreieck* markierten Wirtschaftsweg Richtung Langenau am Loneflüßchen entlang führen. Später trägt uns nur noch ein schwacher Feldweg durch das erholsame Wiesental, durch das einst die mächtige Ur-Lone rauschte.

Auffallend ist, daß sich der Wasserlauf mit zunehmendem Flußabwärtswandern verschmälert. Nach der Querung der Straße von Bernstadt entfernt sich das kränkelnde Flüßchen eine Zeitlang von uns. Wir spazieren nun wieder auf einem breiten Wirtschaftsweg. Auf der Höhe des Aglisburren kriecht das jämmerliche Rinnsal abermals zu uns heran und schickt sich gar an, völlig einzutrocknen. Schuld an dem Schwächezustand sind die Kalkklüfte im Karstboden. Diese entziehen der Lone den Lebenssaft und leiten ihn, erwiesen durch Wassermengenberechnungen, der Nau bei Langenau zu.

Wir haben die **Salzbühlhöhle** (513 m) erreicht. Wer über genügend Lust und Zeit verfügt, mag das geheimnisvolle Flußbett vielleicht noch ein Weilchen weiter verfolgen, vorbei an Höhlen und vergessenen Burgplätzen. Mal fließt das Wasser, mal ist es ganz verschwunden, ein seltsames Versteckspiel.

Die Wälder der Schwäbischen Alb zeichnen sich durch ihre Artenvielfalt aus.

41 Bissingen – Vogelherdhöhle – Ruine Kaltenburg – Charlottenhöhle – Hürben

Auf Entdeckungstour in der Heidenheimer Alb

Talort: Bissingen, Ortsteil von Herbrechtingen, im Südosten der Heidenheimer Alb, südlich der Stadt. Information: Bürgermeisteramt, 89542 Herbrechtingen, ✆ (07324) 13-221.

Ausgangspunkt: Sportplatz, 510 m.

Gehzeiten: Bissingen – Vogelherdhöhle ½ Std., Vogelherdhöhle – Ruine Kaltenburg 1¼ Std., Ruine Kaltenburg – Hürben ½ Std., Rückweg 1¼ Std.; Gesamtgehzeit 3½ Std. (13 km).

Höhenunterschied: 170 m.

Anforderungen: Lückenhaft markierte Wander-, Forst- und Wirtschaftswege, ganz kurze Anstiege, ein bißchen Orientierungssinn erforderlich.

Einkehr: Kurze Abstecher entweder nach Lontal, zur Gaststätte unterhalb der Charlottenhöhle oder nach Hürben.

Die Charlottenhöhle, mit einer Länge von 532 m die längste Schauhöhle der Schwäbischen Alb, hat ihren Namen von der Königin Charlotte von Württemberg erhalten. Nach dem relativ schmalen Eingang gelangt der Besucher in rund zehn geräumige Tropfsteinhallen.

Wir spazieren vom Wanderparkplatz kurz die Teerstraße bergab und folgen noch vor dem Waldrand rechts dem Hauptwanderweg 4, einem mit *rotem Balken* bezeichneten Feldweg. Nach der weglosen aber markierten Kuppe führt eine etwas verwachsene Pfadspur parallel zur Landstraße talwärts. Hinter dem artenreichen Mischwäldchen müssen wir ein Stück mit der Straße vorlieb nehmen. Vom Parkplatz leitet uns dann ein Wanderweg Richtung Vogelherdhöhle. An der Straßenabzweigung (462 m) gelangt man über einen unmarkierten Pfad durch das Wäldchen empor zur aussichtsreichen Anhöhe mit Grillplatz bei dem umschlungenen Kiefernpaar, etwas unterhalb die tunnelartige **Vogelherdhöhle.**

Wir steigen anschließend hinunter zu den Äckern und wandern auf dem Feldweg hinüber zur Hochspannungsleitung. Dort schlägt man einen Haken zu dem auffallenden Flurkreuz und hält sich ein paar Schritte am Kiefernwäldchen entlang. Man beachtet das *rote Dreieck* am Leitungsmast und folgt von der Kuppe (503 m) dem Wanderweg bergab durch einen Mischwald zur Straße im Lonetal (458 m). Auf der anderen Talseite nehmen wir das Wirtschaftssträßchen Richtung Kaltenburg und zweigen gleich wieder rechts auf den reizvollen, mit *rotem Dreieck* bezeichneten Wanderweg ab, der durch den Wald zur **Ruine Kaltenburg** (515 m) führt.

Nach dem Abstecher zur **Charlottenhöhle** (geringer Höhenverlust) wandern wir zurück zur Weggabel bei den Erdfällen am Wasserhäuschen und folgen dem *roten Dreiblock* Richtung Eselsburg. Bei den Sportanlagen in **Hürben** (510 m) schwenken wir links in das Sträßchen ein und nehmen an der Gabelung den Wirtschaftsweg geradeaus. Nach der Straßenquerung prallen beim Autobahn-Rastplatz mitten im Wald unvermittelt zwei Welten aufeinander. Man nimmt kurz die Straße und trifft beim Waldende wieder auf den *roten Balken* des Hauptwanderweges 4 Richtung Bissingen. Das Wirtschaftssträßchen wechselt in einen Wanderweg am Waldrand entlang. Beim Jägerstand nach der Kurve schleicht die Route spärlich markiert in den Wald hinein, an einer Hütte vorbei und zurück zum Parkplatz.

In der Vogelherdhöhle bei Stetten hat man Tierfiguren aus Elfenbein entdeckt.

42 Herbrechtingen – Buigen – Eselsburg – Spitzbubenhöhle – Anhausen

Erlebnisreiche Brenzschleife

Talort: Herbrechtingen, im Brenztal, am Südostrand der Schwäbischen Alb. Sehenswert: Heimatmuseum. Information: Bürgermeisteramt, 89542 Herbrechtingen, ℂ (07324) 13-221.

Ausgangspunkt: Bahnhof, 470 m.

Gehzeiten: Herbrechtingen – Buigen ¾ Std., Buigen – Spitzbubenhöhle ¾ Std., Spitzbubenhöhle – Anhausen 1 Std., Rückweg ½ Std.; Gesamtgehzeit 3 Std. (11 km).

Höhenunterschied: 100 m.

Anforderungen: Gut markierte Wander-, Wirtschafts- und Forstwege, Rückweg auf Straße, ganz kurze Anstiege.

Einkehr: In Eselsburg und Anhausen.

Man nimmt an, daß die Brenz mit ihrem deutlichen Wasserverlust im Naturschutzgebiet der Eselsburger Schleife die Hürbe speist. Mehrere verfallene Burggemäuer, Schanzen und keltische Wälle sowie eine Vielzahl an Höhlen und wilde Felsengärten gestalten diese abwechslungsreiche Ecke zwischen der Heidenheimer Alb und dem Härtsfeld zu einem beliebten Wandergebiet. Wir spazieren von der Bahnhofstraße die Einbahnstraße bergab und durch die Unterführung. Rechts am Bach entlang trägt uns ein Fußweg zur Brunnenstraße. Vom Baumschulenweg folgen wir dem *roten Dreiblock* auf der Privatstraße am Hallenbad aufwärts. Eine Wiesenspur leitet uns zum Wald hinauf, wo uns ein vergnüglicher Wanderweg am Abhang entlang, stets den Markierungen folgend, zur Buigenhütte (520 m) trägt. Von dem Felsvorsprung genießt man einen schönen Tiefblick zur Brenz, die sich hier träge durchs Tal mit den versteppten Hanglagen windet.

Weiter geht's am **Buigen** vorbei, einem ehemaligen Ringwall aus der Hallstadtzeit. Unten im Tal wandern wir über die Brenzbrücke und auf dem Wirtschaftsweg flußaufwärts nach **Eselsburg** (470 m). Richtung Bindsteinmühle spazierend, wartet nach knapp 1 km die **Spitzbubenhöhle** (515 m) in einem abgeschiedenen Seitental auf unseren Besuch, nicht zu verwechseln mit der südlich von Anhausen gelegenen Klemmerhöhle, die auf der topographischen Karte ebenfalls den Namen Spitzbubenhöhle trägt.

Zurück auf dem Wirtschaftsweg bummeln wir gemütlich brenzaufwärts nach **Anhausen** (480 m). In den Steilhängen über uns schlummern noch weitere versteckte Höhlen wie bereits oben bei der Ruine Eselsburg. Auch auf der anderen Talseite gäbe es so manches zu entdecken. Den Westhang des

Für Kinder gibt es auf jeder Albwanderung etwas zu bestaunen.

Buigen ziert zudem eine prächtige Wacholderheide. Über die Brenzbrücke trägt uns die Straße schließlich zurück in die Stadt.

43 Unterkochen – Weißer Kocherursprung – Braunenbäumle, 700 m – Röthardt – Aalen-Siedlung – Himmlingen

Waldesruh' über dem Kochertal

Talort: Unterkochen, Ortsteil von Aalen, im Tal von Schwarzem und Weißem Kocher, südlich der Stadt. Sehenswert: Wallfahrtskirche St. Maria. Information: Fremdenverkehrsamt, 73430 Aalen, ℰ (07361) 64044.
Ausgangspunkt: Bahnhof, 470 m.
Gehzeiten: Unterkochen – Weißer Kocherursprung ¾ Std., Kocherursprung – Braunenbäumle 2¼ Std., Rückweg 2¼ Std.; Gesamtgehzeit 5¼ Std. (21 km).
Höhenunterschied: 360 m.
Anforderungen: Gut markierte Forst- und Wanderwege sowie Wirtschaftssträßchen, bis auf einen kurzen Steilaufschwung sanfte Anstiege.
Einkehr: Kurze Abstecher vor dem Braunenbäumle zum Wanderheim oder vor Röthardt zum Erzhäusle.

Unter kraftstrotzendem Rauschen und wildem Aufschäumen bahnen sich die Wassermassen des jungen Weißen Kochers, die aus mehreren Quellen entspringen, zwischen bemoosten Felsblöcken und verkeilten Baumstämmen einen Weg durch das einzwängende Bachbett hinaus in die breitere Talsohle des großen Bruders, des Schwarzen Kochers.

Vom Bahnhof **Unterkochen** nehmen wir gegenüber den Kollmannweg. Er leitet uns bergan, stets mit *roten Dreiecken* markiert, Richtung Kocherursprung. Nach der Sporthalle schleicht ein Wanderpfad an dem lebhaften Wildbach entlang, hinein in den abenteuerlichen Talschluß, umrahmt von aufsteilenden Waldhängen. Vom Quelltopf des **Kocherursprungs** mühen wir uns in Serpentinen empor zur Kreisstraßenquerung. Nun geht's ein Stück auf einem Fußweg bergab und links auf dem Hauptwanderweg 4, einem Forstweg, abermals bergan zu einer Kreisstraßenquerung. Weiterhin dem *roten Dreieck* folgend, kreuzen wir die Landstraße und schwenken gleich wieder links in einen Forstweg ein, der uns im Auf und Ab, im weiteren Verlauf auch mit »Kapfenburg« beschildert, durch den ausgedehnten Wald führt.

Der Weiße Kocher unmittelbar nach seinem Ursprung bei Unterkochen.

Erst wo an einem Wegkreuz der Wanderweg nach Kapfenburg rechts abzweigt, nehmen wir den mit *blauem Dreieck* markierten Köhlerweg, rechts
am Funkturm der Bundespost vorbei. In der Rechtskurve biegen wir links auf
den mit *blauem Dreiblock* bezeichneten, schmalen Waldpfad zum **Braunenbäumle** (700 m) ab und wandern über den Bergsporn talwärts. Der kurze
Abstecher zum Aussichtspunkt Steinbruch bietet einen informativen Talblick.
Am Bergfuß hält man sich kurz rechts und biegt außerhalb des Waldes links
in die Straße ein. In **Röthardt** (560 m) nimmt man den Grabenweg und folgt
dem Wirtschaftssträßchen steil bergab und am Hirschbach entlang weiter
talwärts. An der Kreuzung spazieren wir links über die Kuppe und biegen
links in die Straße (Gehsteig) ein, die uns bergan zur **Aalen-Siedlung**
(520 m) trägt.
Geradeaus kommen wir nach **Himmlingen** (530 m), wo wir den Wegweiser
»AA-Unterkochen« beachten und das Sträßchen am Hang entlang nehmen.
Zuletzt leitet uns der Spazierweg links auf der ehemaligen Bahntrasse zurück
zum Bahnhof.

44 Nattheim – Täsch – Birkelhöhle – Käsbrunnen

Wanderspaß beiderseits des Lindletals

Talort: Nattheim, auf dem Härtsfeld, nordöstlich von Heidenheim. Sehenswert: Neuromanische Kirche, Schanzen und Grabhügel aus der Keltenzeit, Korallen- und Heimatmuseum. Information: Bürgermeisteramt, 89564 Nattheim, ✆ (07321) 7510.
Ausgangspunkt: Kirche, 558 m.

Gehzeiten: Nattheim – Birkelhöhle 2½ Std., Rückweg 1¾ Std.; Gesamtgehzeit 4¼ Std. (16 km).
Höhenunterschied: 210 m.
Anforderungen: Gut markierte Forst- und Wirtschaftswege sowie Wanderpfade, bis auf einen Steilaufschwung leichte Anstiege.

In einem weltabgeschiedenen Waldwinkel südlich des Lindletals, am Westrand des Härtsfeldes, versteckt sich die 36 m lange Birkelhöhle. Ihr Zickzackgang endet in einem hohen Spalt. Unweit davon findet der Freund geheimnisvoller Gänge noch eine zweite, kleinere Höhle mit dem gleichen Namen.

Der Gehweg parallel zur Heidenheimer Straße trägt uns hinunter ins Lindletal (545 m). Wir beachten den Wanderwegweiser »Schnaitheim« und steigen auf einem Forststräßchen bergwärts bis zur ersten Kurve. Dort zweigt der mit *roter Raute* markierte Jubiläumsweg ab, ein weiterhin ansteigender Waldweg. Wir schwenken links in ein Forststräßchen ein, das über die A 7 (604 m) leitet, und finden Richtung Heidenheim bei einer Hülbe einen verträumten Rastplatz.

Anschließend geht's zum Anwesen von Täsch und auf einem Sträßchen zur B 466 (500 m) hinunter. Nach deren Querung folgen wir dem *roten Dreiblock* auf einem steilen, verwachsenen Waldweg, später auf einer schwachen Pfadspur. Diese quert zweimal ein Forststräßchen (auf Markierung achten).

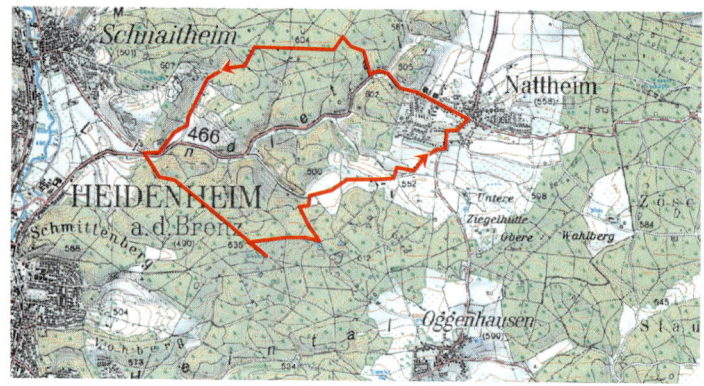

Im Wald sind Körper, Geist und Seele im Einklang.

Bald darauf nehmen wir den bezeichneten, talwärts abzweigenden Waldweg und wo sich der Weg verschmälert, den markierten Fußpfad zur **Birkelhöhle**. Zurück auf der Hauptroute, geht's im weiteren Verlauf auf einem Forstweg weiter. Am beschilderten Wegkreuz (635 m) führt uns ein Waldweg gerade-aus, bergab zum **Käsbrunnen**, einem verschwiegenen Rastplatz.
Wieder oben auf dem Forstweg, halten wir uns stets an die Beschilderung »Nattheim«. Bei der Wagnersgrube löst der *rote Dreiblock* die rote Raute ab. Dieser leitet uns, kurz auf einem Pfad, talwärts unter der A 7 hindurch. Beim Gewerbegebiet wechseln wir die Straßenseite und treffen bald darauf wieder in **Nattheim** ein.

45 Elchingen – Ebnater Tal

Leichte Härtsfeldrunde

Talort: Elchingen, Ortsteil von Neresheim, auf dem Härtsfeld, nordwestlich der Stadt. Information: Bürgermeisteramt, 73450 Neresheim, ✆ (07326) 8149.

Ausgangspunkt: Kirche, 611 m.

Gehzeiten: Elchingen – Dellenhäule 1¾ Std., Rückweg 2 Std.; Gesamtgehzeit 3¾ Std. (17 km).

Höhenunterschied: 100 m.

Anforderungen: Teilweise markierte Wirtschafts- und Forstwege sowie kaum befahrene Sträßchen, sanfter Anstieg.

Eine beschauliche Wanderung über die Felder und Wiesen und durch die Forste der Kulturlandschaft Härtsfeld. Ziel ist das Naturschutzgebiet Dellenhäule, ein sonniger Wacholderheideflecken im erholsamen Ebnater Tal, der noch vom Wanderschäfer besucht wird.

Wir halten uns Richtung Aalen und wandern beim Kreuz der Schmerzhaften Mutter Maria in die Hindenburgstraße. Ein stilles Sträßchen trägt uns über die weiten Attichäcker. Anschließend nehmen wir den Forstweg bergab und spazieren rechts in das Wiesental (565 m) hinein. An der Kreuzung wenden wir uns abermals rechts ins **Ebnater Tal**.

An der Hauptgabelung geht's links und nach der Straßenquerung geradeaus auf einer Wiesenspur am Waldrand entlang. Nach dem Kreuzen der Landstraße leitet uns ein mit *rotem Dreiblock* markiertes Wirtschaftssträßchen und, die Markierung beachtend, wiederum eine Wiesenspur am Waldrand entlang zum Naturschutzgebiet Dellenhäule.

Nach einem kurzen Stück auf der Straße weist die Bezeichnung auf einen Wirtschaftsweg. Bei der Mariengrotte quert man die Landstraße und begibt sich rechts auf den bergan leitenden Feldweg. Auf dem ersten schlechten Wegabschnitt durch den Wald ist besonders auf die Markierung zu achten. Bald nimmt uns im Forstweg auf, den wir an der Abzweigung nach dem Wald rechts auf einem Wirtschaftssträßchen verlassen.

Wir kommen nochmals durch einen kleinen Waldflecken (660 m), queren die Landstraße und schlagen einen Links-rechts-Haken um den Jungwald. Es folgt noch ein Rechts-links-Haken, bevor uns die Kreisstraße zurück nach **Elchingen** trägt.

Die Mariengrotte im Ebnater Tal.

46 Aufhausen – Egerursprung – Erzgrubenweiher – Sportflugplatz – Egle-Spielplatz, 664 m

Im hohen Norden der Schwäbischen Alb

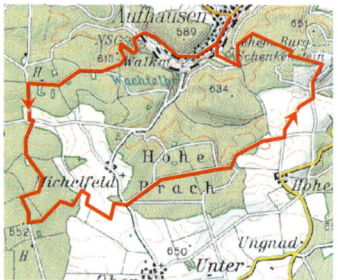

Talort: Aufhausen, am Rand zum Ries, zwischen Lauchheim und Bopfingen. Information: Verkehrsamt, 73441 Bopfingen, ✆ (07362) 801-21.
Ausgangspunkt: Kirche, 494 m.
Gehzeiten: Aufhausen – Egerursprung ½ Std., Egerursprung – Erzgrubenweiher 1½ Std., Erzgrubenweiher – Sportflugplatz 1 Std., Rückweg 1 Std.; Gesamtgehzeit 4 Std. (16 km).
Anforderungen: Meist markierte Forst-, Wirtschafts- und Wanderwege, leichte Anstiege und steiler Abstieg.

Bei Bopfingen zeigt die Schwäbische Alb eine 200 m hohe Stirn zum Riesrand hin. Vor ungefähr 15 Millionen Jahren knallte ein gewaltiger Meteorit mit einer Geschwindigkeit von etwa 100 000 km/Std. hier am Rand des Härtsfeldes auf die Erde, bohrte sich bis in die Urgesteinsdecke und schuf diesen nahezu kreisrunden Krater mit 20 km Durchmesser.

Von der Michelburger Straße führt ein Natursträßchen durch eine finstere Bahn-Tunnelröhre zur **Quelle der Eger**, die bei Hoppingen in die Wörnitz mündet. Direkt nach der Quelle leitet das *rote Dreieck* auf einen Wanderweg, der in leichten Kehren den Waldhang überwindet. Bei der Tierstein-Unterstandshütte (590 m) gewinnt man einen schönen Ausblick aufs Tal und eine senkrechte Felswand vor stattlichen Waldbergen. Unsere Wanderroute mündet (auf die Markierungen achten) rechts in ein Forststräßchen, dem wir bis zur Baumschule folgen. Nun geht's an der Kreuzung links, an der folgenden Kreuzung geradeaus und an der Hauptweggabelung nach der Kurve abermals geradeaus bergan. Auf der Nonnenbühl-Kuppe (650 m) zweigt links ein mit *rotem Dreiblock* markierter Forstweg ab.

Man folgt stets der gewohnten Bezeichnung an den idyllischen Weihern bei den ehemaligen Erzgruben vorbei. Am Waldrand nimmt uns ein Wirtschaftssträßchen auf, das wir bei der Ruhebank links auf einem Feldweg zum Jungwald hinauf, die Felsmarkierung beachtend, verlassen. Nach der Straßenquerung wandern wir, weiterhin dem *roten Dreiblock* folgend, auf dem Forststräßchen zum Sportflugplatz (600 m). Eine Fahrspur leitet schräg über den Segelflug-Landeplatz zur Sandrennbahn. Mit beeindruckendem Ausblick auf Bopfingen und zum Ipf spazieren wir links auf dem Teersträßchen bergan und auf einer Wiesenspur oberhalb dem Steinbruch am Waldrand entlang zum aussichtsreichen **Egle-Spielplatz (664 m)**.

Bei den Erzgruben-Weihern auf dem Härtsfeld.

Jenseits nehmen wir rechts das Forststräßchen und folgen links auf einem Wanderweg dem *roten Dreieck*. Es leitet uns über steile Serpentinen talwärts. Ein Forstweg trägt uns Richtung Egerursprung, vorbei am Jüdischen Friedhof, zurück nach **Aufhausen**.

47 Auernheim – Höllbrunnen – Burg

Kleiner Zickzackkurs in der Ostalb

Talort: Auernheim, Ortsteil von Nattheim, auf dem Härtsfeld, südwestlich von Neresheim. Sehenswert: Barockkirche. Information: Bürgermeisteramt, 89564 Nattheim, ℂ (07321) 7510.

Ausgangspunkt: Kirche, 599 m.

Gehzeiten: Auernheim – Burg 1½ Std., Rückweg 1 Std.; Gesamtgehzeit 2½ Std. (9 km).

Höhenunterschied: 170 m.

Anforderungen: Teilweise markierte Forst- und Wirtschaftswege, kleine Anstiege, etwas Orientierungssinn erforderlich.

Die Burg, eine Viereckschanze aus der Zeit um Christi Geburt mit bis zu 5 m hohem Wall, war einst keltisches Heiligtum. Östlich davon befindet sich ein rund 300 m langer Abschnittwall mit Graben aus der Hallstattzeit.

Vom Parkplatz bei der Kirche spazieren wir hinunter ins Dorf, nehmen die Bauernstraße und die Straße »Am Brunnensteig« und folgen nach dem Brunnen dem mit *rotem Dreiblock* markierten, steilen Wanderweg. Oberhalb geht's auf dem mit *roter Raute* bezeichneten Forstweg Richtung Fleinheim weiter. Auf die Markierung achtend, zweigen wir gleich wieder auf einen Fußpfad ab, der einen Forstweg quert und etwas verwachsen talwärts leitet. Unterhalb stoßen wir auf einen Forstweg, dem wir am **Höllbrunnen** vorbei folgen. Anschließend nehmen wir das Sträßchen durch den einsamen Talgrund.

Kurz vor Fleinheim (540 m) folgen wir rechts dem schwächer werdenden Feldweg am Waldsaum entlang, um den Bergsporn herum. Wo der Weg ins Tal leitet, steigen wir auf einer verwilderten Pfadspur oberhalb einer schönen Anpflanzung mit verschiedenen Baumarten schräg bergauf und stoßen im Wald wieder auf einen gut erkennbaren Weg. Dieser führt hinauf zu einem Forstweg, dem wir rechts folgen. Am Wegkreuz mit Jägerstand wandern wir kurz hinüber zur **Keltenschanze** (620 m).

Zurück am Wegkreuz halten wir uns, auf die roten Markierungen achtend, stets geradeaus, folgen dem verwachsenen Waldweg und biegen rechts in ein Forststräßchen ein. Dieses trägt uns geradeaus und mündet in den bekannten Kurs, zurück ins Dorf.

Unterwegs von Auernheim zum Höllbrunnen.

48 Neresheim – Hängesträßle – Bergholz

Neresheimer Waldspaziergang

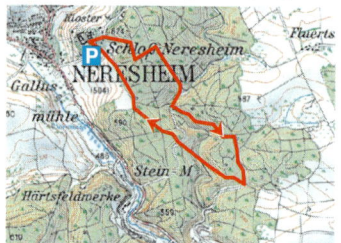

Talort: Neresheim, Erholungsort am Egau-Ursprung. Sehenswert: Klosterkirche, Härtsfeld-Museum, Härtsfeld-Museumsbahn, Barockbrunnen. Information: Bürgermeisteramt, 73450 Neresheim, ✆ (07326) 8149.
Ausgangspunkt: Klosterparkplatz, 560 m.
Gehzeit: 2¼ Std.
Höhenunterschied: 150 m.
Anforderungen: Meist markierte Wander- und Forstwege, kleine Anstiege, ein bißchen Orientierungssinn vorteilhaft.

Die gesamte Runde verläuft durch ein geschlossenes, einsames Waldgebiet, in dem man Ruhe und Erholung findet. Wem nach beendeter Tour noch Zeit bleibt, der sollte sich einen Besuch der barocken Klosterkirche nicht entgehen lassen. Die großartige Raum- und Kuppelarchitektur, die prachtvollen Stuckarbeiten sowie die bedeutenswerten Deckenmalereien von Martin Knoller lohnen eine eingehendere Betrachtung. Unten im Städtchen fällt gleich am Ortseingang der eigenwillige Fachwerk-Miniaturbahnhof ins Auge. Die uralten Fahrzeuge der Härtsfeld-Museumsbahn sind begehrte Blickfänge für groß und klein.

Oberhalb des Klosters **Neresheim**, der berühmten Abteikirche von Balthasar Neumann, leitet ein mit *rotem Dreiblock* bezeichneter Wanderweg an einer Ruhebank vorbei durch den Wald hinauf. Wir schwenken rechts in einen talwärts führenden Forstweg ein und halten uns stets an die gewohnte Markierung. Bei einer Unterstandshütte (515 m) beachten wir den Wegweiser »Katzenstein« und spazieren das sanft ansteigende **Hängesträßle** bergan.

An einer Forstweggabelung (550 m) orientieren wir uns abermals an der Beschilderung »Katzenstein« und nehmen unterhalb an der Wegverzweigung bei der Lichtung den *weiß-blau* markierten, reizvollen Wanderweg bergwärts. Dieser führt uns an hübschen Bildstöcken vorbei durch eine herrliche Waldeinsamkeit. Wir kommen durch ein Tälchen (500 m) und mühen uns kurz steil bergauf durchs **Bergholz**. Auf dem Forststräßchen zurück zum Kloster gewinnt man einen weiten Ausblick übers Härtsfeld.

Karsthöhle bei Neresheim.

49 Dischingen – Schloß Taxis – Schrezheim – Katzenstein – Iggenhausen – Härtsfeldsee

Typische Härtsfeldtour über dem Egautal

Talort: Dischingen, Erholungsort im Egautal, südlich von Neresheim. Sehenswert: Heimatstube, barocke Dorfkirche. Information: Fremdenverkehrsstelle, 89581 Dischingen, ✆ (07327) 8125.
Ausgangspunkt: Kirche, 463 m.
Gehzeiten: Dischingen – Katzenstein 1¾ Std., Katzenstein – Härtsfeldsee ¾ Std., Rückweg ¾ Std.; Gesamtgehzeit 3¼ Std. (12 km).
Höhenunterschied: 160 m.
Anforderungen: Teilweise markierte Wirtschaftssträßchen und Wanderwege, sanfte Anstiege.
Einkehr: In der Schloßgaststätte Taxis, in Katzenstein und Iggenhausen.

Auf dem Härtsfeld befanden sich einst die größten Bohnerzlagerstätten der Ostalb. Die Menschen machten sich bereits in vorgeschichtlicher Zeit dieses Material zunutze. Abgebaut wurde es ab dem 14. Jahrhundert. Zwischen Iggenhausen und Neresheim stehen heute noch die alten Härtsfeldwerke. Seit rund 100 Jahren sind die Lager erschöpft.

Wir nehmen die Hauptstraße Richtung Dillingen und die Schloßstraße Richtung Trugenhofen. Ein kurzer Abstecher trägt uns zum vielbesuchten **Schloß Taxis** mit dem Jagdkundemuseum. Zurück an der Kurve, folgen wir noch kurz der Straße, bis uns der *rote Dreiblock* auf einen Wanderweg durch den parkartigen Englischen Wald leitet. Der stets markierte Weg führt eine Weile neben der Straße her und wechselt in einen anfangs asphaltierten Forstweg. Zuletzt trägt uns die Straße hinein nach **Schrezheim** (550 m).

Wir wählen die Straße »Zum Fliegenberg« und folgen dem stillen Sträßchen, zwischendurch als Naturfahrbahn, über eine sanfte Waldkuppe nach **Katzenstein** (520 m). Dort spazieren wir hinunter zum Schloß und nehmen links die Straße »Unterer Weiler«. Dieser bleiben wir treu, halten uns an einer Gabelung links und genießen von der Kuppe einen ausgezeichneten Tiefblick zum Härtsfeldsee und auf das eigenwillig modellierte Hügelland.

Nach einem steilen Abstieg geht's in **Iggenhausen** (490 m) auf den Mühlweg, kurz ein Wirtschaftssträßchen bergan und an der Gabelung links bergab zum **Härtsfeldsee**. Am Parkplatz wandert man geradeaus, wendet sich an der Abzweigung links und schlendert, nach der Egaubrücke rechts abzweigend, am Bach entlang zurück ins Dorf.

Auf dem Härtsfeld bei Dischingen.

50 Schweindorf – Christgarten – Karthäusertal

Auf der bayerischen Seite der Schwäbischen Alb

Talort: Schweindorf, Ortsteil von Neresheim, zwischen Neresheim und Nördlingen. Information: Bürgermeisteramt, 73450 Neresheim, ☎ (07326) 8149.
Ausgangspunkt: Kirche, 615 m.
Gehzeiten: Schweindorf – Christgarten 1 Std., Rückweg 2 Std.; Gesamtgehzeit 3 Std. (14 km).
Höhenunterschied: 140 m.
Anforderungen: Teilweise markierte Forst- und Wirtschaftswege, kurze Abschnitte auf kaum befahrenen Sträßchen, sanfter Anstieg.
Einkehr: In Christgarten.

Die Schwäbische Alb streckt in ihrem östlichen Teil einen Lappen über die Bayerische Grenze bis zur Wörnitz bei Harburg. Der landschaftliche Charakter verliert jenseits des Härtsfeldes allerdings deutlich an Dramatik. Im Norden werden nur noch Höhen um 600 m erreicht, im Südteil sogar nur noch um 500 m. Der Trauf verkümmert allmählich ebenso wie die Klifflinie des Tertiärmeeres auf der Donauseite, Wanderwege werden rar.

Wir schlendern an der Bushaltestelle vorbei und halten uns kurz Richtung Nördlingen. Der Mühlweg leitet in ein Wirtschaftssträßchen, das uns über die Felder zum Waldrand trägt. Auf dem mit *rotem Dreieck* markierten Forststräßchen wandern wir hinüber nach Bayern und durchs Wildgatter talwärts nach **Christgarten** (480 m).

Nach einer gemütlichen Einkehr geht's zurück durchs Wildgatter und dem *roten Dreiblock* folgend auf einem Forststräßchen Richtung Neresheim durch das gemütlich ansteigende **Karthäusertal**. Nach der Wiesenkuppe biegen wir rechts in eine Teerstraße ein und entscheiden uns an der Gabelung nach dem Wäldchen für den links abzweigenden Forstweg. Er trägt uns leicht bergan, zurück ins Schwabenländle.

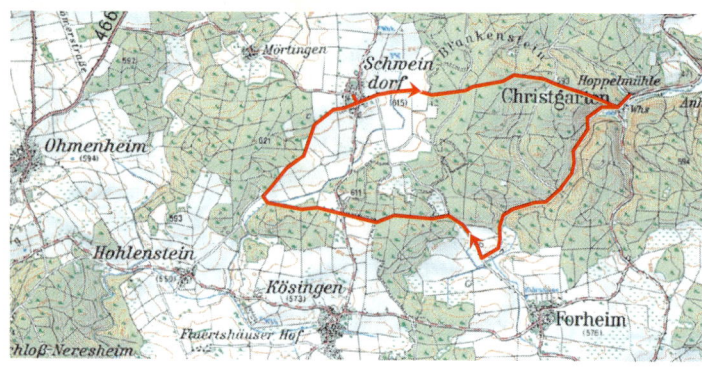

Das alte Kirchengemäuer in Christgarten, auf der bayerischen Seite der Alb.

Man quert die Straße Kösingen – Schweindorf, hält sich an einer Gabelung rechts und biegt abermals rechts in das Wirtschaftssträßchen ein, auf dem man wieder nach **Schweindorf** kommt.

Stichwortverzeichnis

Die Ziffern hinter den Begriffen geben die Tourennummern,
nicht die Seitenzahlen an.

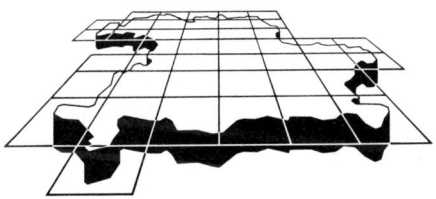

Notizen

Notizen

Notizen